全国教育科学"十四五"规划课题

"'家长学校'教育质量评价模型构建与质量验证"

（批准文号：BSA240232）科研成果

故事里的家庭教育学

——小学低段学生家庭教育指导手册

总主编　赵　刚　本册主编　董立君

长江出版传媒｜湖北教育出版社

图书在版编目（CIP）数据

小学低段学生家庭教育指导手册 / 董立君主编. 武汉 : 湖北教育出版社, 2025. 4. -- (故事里的家庭教育学 / 赵刚总主编). -- ISBN 978-7-5564-6189-9

Ⅰ. G782-62

中国国家版本馆CIP数据核字第2025TR4662号

小学低段学生家庭教育指导手册

XIAOXUE DIDUAN XUESHENG JIATING JIAOYU ZHIDAO SHOUCE

出品人 方 平

责任编辑 方 倍　　责任校对 李庆华

封面设计 李 枫 刘静文　　责任督印 刘牧原

出版发行	长江出版传媒	430070 武汉市雄楚大道 268 号
	湖北教育出版社	430070 武汉市雄楚大道 268 号

经　销 新 华 书 店

网　址 http://www.hbedup.com

印　刷 湖北新华印务有限公司

地　址 武汉市硚口区长风路 31 号

开　本 710mm×1000mm 1/16

印　张 11.25

字　数 126 千字

版　次 2025 年 4 月第 1 版

印　次 2025 年 4 月第 1 次印刷

书　号 ISBN 978-7-5564-6189-9

定　价 33.00 元

家庭教育学：幸福人生的必修课

当今社会，我们常常在忙碌的生活节奏中，遗忘了一些极为基础却又关键的生活常识。在传统认知里，人生中有两件大事：成家、立业。它们如同人生坐标系的双轴，共同标定着个体价值的维度。然而，令人惋惜的是，当下众多人在追逐事业巅峰的过程中，不经意间偏离了“家庭”这一生活的原点。大多数人接受教育是为了提升生活品质，获得幸福。一个人的幸福指数，由家庭生活的美满程度及其获得的社会评价共同构筑。试想，若家庭内部夫妻关系紧张、亲子关系对立，那么身处其中的人，又怎能真切体会到幸福呢？在社会舞台上，我们的角色不断变换，充满不确定性，而家庭角色却相对稳定且贯穿一生。当好一位处长、厂长等社会角色需要历练，而成为一名优秀的家长，同样需要持续学习、用心感悟以及不断自我提升。

人类以家庭的形式构建生活，这是文明进步的标志。作为社会结构的基本单元，家庭承载着情感慰藉、安全互助、生命延续、两性和谐等诸多重要责任与功能。生育子女是实现生命繁衍的关键环节，鉴于此，长辈在家庭教育中肩负着培育下一代的核心责任。尽管工业革命催生了大规模的学校教育，但家庭特有的教育功能仍然是学校教育所无法替代的。家庭文化的熏陶、家庭生活的点滴、家人之间的关系以及家长的一言一行，都在潜移默化中影响着孩子未来的处世方式与生活态度，也决定了他们的人生质量。人类教育发展到现在，一个被证明了的经验或者说教训就是，缺失家庭教育的教育体系，往往难以造就幸福的、高素质的人才。

有人说，家庭是孩子的第一所学校，家长是孩子的第一任老师。在当下，这句话有着更为深刻的内涵。如今，家庭常常成为孩子继续完成学校作业的第二场所，家长大多也只是履行抚养孩子的基本职责，并未充分意识到以身作则、言传身教的教育责任。学校老师的专业化教育固然重要，但若作为第一任老师的家长，未能将孩子教导得通情达理、具备基本生活能力，那么即便学校老师使出浑身解数，也难以将孩子塑造成有用之才。由此可见，作为人生第一所学校的家庭、作为孩子第一任老师的家长，其作用无可替代。我国未成年人口数量庞大，其背后的父母与祖辈更是一个规模可观的群体。这一群体的素质以及其在教育中发挥的作用，对国家治理水平和教育现代化进程有着重大影响。因此，这套《故事里的家庭教育学》的价值不言而喻。

2025年，正值“中国近代幼儿教育之父”陈鹤琴先生1925年所著《儿童心理之研究》《家庭教育》两本书出版100周年。这两本书的出版是中国现代儿童教育、家庭教育“中国化、科学化、大众化”进程开始的重要标志。我们这套《故事里的家庭教育学》在百年之后与之呼应，旨在向陈鹤琴先生致敬，并再次强调：家庭是人生的幸福原点，家庭教育是每个人受教育的起点，家庭教育这门学问，是一个人学习与实践的必修课。愿这本以事喻理、力求通俗的“学”能为您所用，转化为助力子女成长之“行”。

赵　刚

前言

敲下这本书稿的最后一个字，我脑海中浮现出张晓风的那一篇散文《我交给你们一个孩子》：“（我）想大声地告诉全世界，今天早晨，我交给你们一个小男孩，他还不知恐惧为何物，我却是知道的，我开始恐惧自己有没有交错？我把他交给马路，我要他遵守规矩沿着人行道而行，但是，匆匆的路人啊，你们能够小心一点吗？不要撞到我的孩子，我把我至爱的孩子交给了纵横的道路，容许我看见他平平安安地回来！”

记得我的孩子第一天上学时，我的内心充满期盼与忐忑，老师发在班级群里的每一张照片我都会仔细翻阅，我小心翼翼地在里面搜索着孩子的身影，哪怕只是出现孩子的一个侧脸，我也会欣喜若狂——我和全世界的妈妈一样，将孩子视若珍宝，希望这个世界和我一样能好好爱他。

以后的日子里，我陪伴孩子走过一个个学期，看着稚嫩的他一天天长大，我的心情经历过忐忑和焦虑，也经历过释然和欣喜。当孩子通过自己的努力取得进步时，我欣喜不已；当孩子按照他自己的节奏自由生长时，我万分庆幸。我探索着家庭教育的终极目标：难道我们教育孩子，只是希望他成为擅长刷题的应试机器吗？难道考上理想的大学，孩子就能拥有我们期待中的幸福生活吗？难道人生的赛道，就只有在校生涯那么长吗？如果都不是，那么，我们为什么一定要让孩子陷于书山题海？为什么明知孩子很累却不肯让他休息一会儿？为什么一看到网络上贩卖焦虑的售课广告，就迫不及待地盲目下单？我反思着家长们的教育方法：除了吼叫和镇压，我们是不是可以向孩子提供更加温暖而有力量的支持？除了刻板地遵守基本的教育规律和理论方法，我们是不是可以根据孩子的个性向孩子提供更人性化的指导？

教子有方，教无定法。我在观察自己孩子和其他孩子成长的过程中发现：每个孩子都是夜空中最闪亮的星星，爱和尊重能够帮助其绽放更耀眼的光芒；在教育孩子的过程中，授之以渔真的胜过授之以鱼；要允许孩子通过犯错汲取更健康的成长动力。成长是孩子要面对的课题，也是家长们要面对的必修课。只有家长先成为更好的自己，孩子才会成为更好的孩子。希望每个家长都能爱孩子，也会爱孩子；做自己，也成全孩子成为他自己。

目 录

第三章　家庭安全教育

第四章　家庭学习指导

第五章　家庭媒介素养教育

第一章　家庭品德教育

人的道德养成需要一个稳定的环境和长期的过程。家庭是孩子最早接触到的，且接触得最直接、最持久的环境。家长对孩子的良好道德教育，将使孩子终身受益。

本章将从培养“生活自律的品德”“热爱劳动的品德”“礼貌待人的品德”“尊敬长辈的品德”“尊重老师的品德”“热爱集体的品德”等方面入手，帮助家长培养孩子的优良品德。

第一节　培养生活自律的品德

自律是指个体在不被外界约束和支配的情况下，能够控制自己的意志，使自己自觉地按照约定俗成的道德规范做事，或按照能够有效推进事情进展的一般规律而行事的行为习惯。自律既指能够进行自我约束、自我管理，也指能够自觉遵守法律法规、社会规则、团体规范等。

处于小学低年级阶段的孩子往往不具备自律的能力，需要在家长或教师等成年人的指引下开展日常活动。同时，小学低年级阶段也是培养孩子自律意识的有利时机。如果能在这个阶段帮助孩子正确认识自我，尝试管理自我，形成自律意识，将对孩子参与家庭活动、适应学习生活、形成自律品德、实现社会性发展起到十分积极的作用。

把文具送回家

圆圆今年上小学一年级。开学第一天，老师带领同学们适应了校园环境，宣布了课堂学习纪律和日常行为习惯等方面的要求，提醒同学们一定要学会整理自己的学习用品。

吃过晚饭后，妈妈问圆圆："圆圆，明天上学要用的学习用品，你都准备好了吗?"

圆圆正在看动画片，她的耳朵听到了妈妈的问题，眼睛却始终盯着电视屏幕。她想都没想就回答道："准备好了。"

妈妈见圆圆心不在焉，便没再作声。

动画片结束了。妈妈走到圆圆的书桌旁，看着桌子上散落着的铅笔、橡皮和语文书，顿时感到一股怒火涌上心头，但她还是努力克制住自己，放缓语气说："圆圆，动画片里的小朋友被小勇士送回了家，你的铅笔、橡皮、课本却没人管，谁来做送它们回家的小勇士呢?"

"我来做小勇士!"圆圆一边说，一边模仿着动画片里小勇士的动作跑了过来，三下五除二就把学习用品收拾好，将它们放进了书包。

"圆圆像小勇士一样棒！能把自己的文具送回家了！有了你这

个小勇士的保护，学习用品们一定会做个好梦。”妈妈连忙用夸奖的话语鼓励圆圆的行为。

听了妈妈的夸奖，圆圆心里别提多开心了。接着，妈妈又趁热打铁，说圆圆是能够把牙刷、牙膏整理好的小勇士，是能够把衣服、裤子、鞋子、袜子整理好的小勇士……

就这样，“小勇士”忙得不亦乐乎，每天都在欢乐的氛围中整理自己的物品。

一个学期后，圆圆在整理个人用品方面实现了自律，不仅每天都能在睡觉前整理好自己第二天要用的学习用品，还能把第二天要穿的衣物提前准备好。这可为妈妈减轻了不少育儿负担！

自律是一种十分重要，同时又很难形成的品质。帮助孩子养成自律意识，不仅有利于孩子形成约束自己行为的习惯，而且能够使家长获得更多的自由时间，减少亲子间的摩擦，使家庭氛围更加和谐。

但是，想让一个低年级的小朋友养成自律的意识，需要家长付出更多的耐心和爱心，并巧妙地运用更多的方法。圆圆妈妈的做法中有一些值得我们借鉴的地方：

1. 以兴趣为中心。圆圆妈妈将孩子感兴趣的动画情境迁移到生活当中，激发了孩子的参与兴趣。

2. 以学习为主体。圆圆妈妈将自律的范围拓展到整理衣物等生活中的其他场景，有利于孩子形成多方面的自律意识。

3. 与老师保持一致。圆圆妈妈强化了老师在学校里的要求，有利于树立老师的权威，使孩子能与老师形成良性互动。

教子有方小课堂

引导孩子实现自律不是一件容易的事情，更不是一朝一夕所能达成目标的，需要家长从小处着眼，持之以恒，并因人而异地运用一些方法和技巧。

1. 小处着眼，指导到位

家长可以选择整理物品、每日读书等孩子能够做到且感兴趣的事情入手，这样能够降低孩子完成任务的难度，使孩子更容易获得成功体验，产生参与兴趣。在和孩子确定好要做的事情后，家长要充分地对孩子进行方法指导，甚至可以做明确的动作示范，和孩子说清任务的具体步骤和要求，使行为步骤规范化、操作具象化，这是帮助孩子形成自律意识、养成自律品质的基础准备。

2. 持之以恒，提醒到位

惰性是通往成功道路上的拦路虎，对孩子而言更是如此。小学生的注意力集中程度不高，做起事情来没有毅力。家长要想办法让孩子看到自己持续做某事所取得的“成绩”，用成功的体验感作为促进孩子坚持做事的动力。比如通过引导孩子进行“记录成就”“任务打卡”“进步效果对比拍照”等方法，时刻提醒孩子关注自己的收获，激发其坚持自律的动力。

3. 他律引领，监督到位

他律是自律的基础，也是孩子实现自律的前提。孩子的自律离不开成年人的引领和监督，但这种引领和监督应该是讲究方法和策略的。家长不能用镇压式的管理强迫孩子执行某任务，否则只会事与愿违，使孩子更加不愿意配合甚至产生叛逆心理。以引导孩子进行每日读书为例，家长可以适当参与其中，与孩子一起执行自律计划，甚至可以组织亲子间的读书比赛，以类似于游戏的方式，实现对孩子的引领。如果孩子有中途放弃的想法或行为，家长可以通过事先制定的“游戏规则”强化每日读书行为，使孩子在相对轻松和愉悦的氛围中形成自律意识。

即便对于成年人而言，做到自律也是一项巨大的挑战。我们手里放不下的手机、口中戒不掉的垃圾食品，都是我们不够自律的证明。在引导小学低年级阶段的孩子形成自律品质的过程中，家长切忌把标准和要求定得过高，应先帮助孩子树立自律的意识，再引导孩子践行自律的行为。最后，孩子才能形成自律的品质。

第二节　培养热爱劳动的品德

劳动是人类生存和发展的基础。因为有了劳动，人们可以更好地改造自然，推进社会蓬勃发展；因为参与劳动，人们可以创造更多的物质财富，提高生活品质。随着生活水平的日益提高，有些人片面地认为，劳动是体力型付出，让孩子参加劳动是在让孩子吃无谓的苦，而且会浪费孩子的学习时间，于是剥夺孩子参加劳动的机会，让孩子养成衣来伸手、饭来张口的习惯。事实上，劳动是每个人都应该掌握的基本生活技能，让孩子从小参与劳动，不仅可以锻炼孩子的动手能力、协调能力、生存能力，而且有利于提高孩子的合作意识和适应社会的能力。

我也想当“劳动小能手”

乐乐和兵兵是一对好朋友，他们住在同一个小区，曾在同一所幼儿园上学，现在，又一同被分到向阳小学一年级（八）班。

乐乐从小被爷爷、奶奶带大，是两位老人的掌上明珠。平时，爷爷、奶奶不让乐乐做任何家务活，生怕乐乐被磕破了、摔坏了。奶奶对乐乐说：“现在咱家有了钱，再也不用出苦力干活了，你只要好好读书，其他的事就交给爷爷、奶奶来做吧！”

吃饭时，乐乐想把餐桌旁的椅子摆放整齐，爷爷说：“宝贝孙女，快放下，椅子沉，你搬不动的。”乐乐想把三个人的碗筷拿到餐桌上，奶奶说：“宝贝孙女，快放下，小心摔碎饭碗，划伤你的小手。”

兵兵和乐乐不一样。虽然他也和老人生活在一起，但是他经常帮助姥姥、姥爷做一些力所能及的家务活。像收拾碗筷、扫地、擦地、洗毛巾、给花浇水等家务，兵兵做起来都得心应手。

开学第一天，兵兵因为协助班主任老师擦地、分发盒饭、搬桌椅，给老师留下了深刻的印象。老师表扬了兵兵和几位积极参加劳动的同学，还称赞他们是班级的“劳动小能手”。

看到从小一起长大的小伙伴得到了老师的表扬，乐乐既羡慕又沮丧。回到家里，乐乐央求爷爷、奶奶说：“爷爷、奶奶，我也想学擦地、扫地，我也想当‘劳动小能手’……”

很多低年级孩子的家长都希望孩子能尽快适应班集体，尽快给老师留下好印象。而我们的孩子是否具备可以被老师迅速发现的闪光点？是否能够通过在集体中找到归属感来适应班集体呢？

虽然故事中的乐乐和兵兵的生活环境相似，但是家长不同的教育观念却使两个孩子获得完全不同的入学体验。乐乐在爷爷、奶奶的溺爱下错过了锻炼和成长的机会。而兵兵的姥姥、姥爷注重对兵兵劳动技能的培养，让兵兵收获丰富的生活体验，并因此获得了老师的关注，找到了自己在集体中的归属感。

虽然每个家长都有爱护孩子、呵护下一代的初心，但就像雄鹰终将飞向天空，骏马总要驰骋草原一样，孩子们总有离开家长的庇护，自己走向社会的那一天。而当那天真正来临时，假如孩子们连基本的劳动技能都没有掌握，又怎么能够飞得高，跑得远呢？所以，在教育孩子的过程中，家长要把眼光放长远，为孩子的未来发展未雨绸缪。

教子有方小课堂

劳动是一种生活技能，能够使人们有饭吃、有衣穿、收获劳动报酬。劳动也可以塑造孩子的品质。有智慧的家长不仅能通过劳动让孩子培养生活技能，而且能让孩子收获劳动以外的成长。

1. 指导孩子在劳动中学会感恩他人

无论是家务劳动中简单的洗衣、做饭、打扫卫生，还是社会劳动中复杂的保洁、清运、筑桥修路，每一种劳动都需要人们付出辛勤的汗水。在孩子通过自身实践体会到劳动的艰辛时，家长可以适时引导孩子向身边那些付出辛勤劳动、保障人们生活的人表达感恩之情。如引导孩子感恩农民不辞劳苦，种植着人们生活所需的粮食、蔬菜；感恩环卫工人不怕脏、不怕累，保持我们生活环境的清洁卫生；感恩筑桥修路的建筑工人不怕风吹雨淋，保障我们出行道路的宽阔平坦，四通八达。

2. 指导孩子在劳动中学会归纳总结

劳动本身不仅包含着体力的付出，更蕴含着智慧和技巧。在劳动过程中，家长可以引导孩子对劳动工具的使用方法、劳动活动的具体流程、劳动细节的注意事项等进行总结，提升孩子的动脑思考能力、解决问题能力、总结概括能力。

扫地是成年人眼中非常简单的一件事，但让个子并不高大，而且手部肌肉尚不发达的小学低年级学生独立把地面清扫干净并不容易。曾有家长引导孩子在扫地时思考这样几个问题：手持扫把的哪个位置，扫地时更省力？从哪个方向开始扫，可以有序地将地面清扫干净？如果地上有散落的发丝或细小垃圾，怎样能把它们清扫得更彻底？这位家长还和孩子一起探讨并总结出“手持柄部腰略弯，从内向外依次扫，缠上胶带除细小”等劳动口诀。在这一过程中，孩子不仅付出了体力劳动，收获了劳动带来的成就感，而且锻炼了动脑思考的能力、解决问题的能力、总结概括的能力。

3. 引导孩子在劳动中学会与人合作

独木不成林，单丝不成线。无论在当今社会还是未来时代，学会与人合作都是孩子们步入社会、适应社会、在社会上获得良好发展的必修课。大多数劳动项目都是需要多人协作才能完成的。家长在带领孩子参与劳动的过程中，可以引导孩子学会与人合作，通过在劳动中的互动，向孩子示范：怎样说，其他人才能更好地配合自己；怎样分配劳动任务，才能使大家充分发挥自己的专长；怎样彼此配合，才能使劳动项目进行得更加顺利。当孩子掌握了基本的沟通技能与合作要点以后，家长可以把组织家人一起劳动的权力适当交给孩子，这样不但能锻炼孩子的领导能力、协调能力、语言表达能力等，还能使孩子学会更好地与人合作。

4. 引导孩子在劳动中学会开拓创新

从石器时代的石斧，到青铜器时代的铁具，再到工业时代的蒸汽机，再到信息化时代的植保无人机，劳动工具的每一次升级都凝结着人类社会的技术创新。创新的基础是实践和应用。家长在带领孩子参与劳动的过程中，可以和孩子一起思考劳动工具的基本构造特点、主要功能特点，通过将先进设备与其他设备进行对比，发现先进工具的创新功能和应用价值，培养孩子的创新意识，引导孩子学会开拓创新。如果条件允许，家长还可以带领孩子对劳动工具进行适当改进，使孩子有机会亲身体验创新的过程和创造的乐趣，培养孩子的思考能力和创新能力。

第三节　培养礼貌待人的品德

“人无礼则不生，事无礼则不成，国家无礼则不宁”。礼貌待人是中华民族的传统美德，是一种良好的道德行为习惯。礼貌待人，往往体现在与人交往时，态度诚恳、语气温和、语言文明、举止谦恭等。一个能够礼貌待人的人，往往能得到更积极的社会评价，受到更多同伴的欢迎，获得更多的发展机会。

气氛尴尬的图书馆

星期天，娇娇和萌萌在各自家长的带领下来到图书馆看书。

真巧，娇娇和萌萌同时走进阅览室，同时看中了一个空位。两个孩子不约而同地朝这个空位冲了过去，一人坐一半，谁都不肯退让。

哎呀！萌萌力气大一些。娇娇被萌萌挤到地上，哇哇大哭起来。

见娇娇哭了，娇娇妈妈气呼呼地跑过来，将萌萌猛地一推，把萌萌从椅子上推了下去。萌萌吓得哭了起来。

在儿童阅览室里看书的人真多呀，大家被两个孩子的哭声所吸引，一时间，无数双眼睛齐刷刷地看向这两个孩子。

萌萌妈妈既生气又心疼自己的女儿。但是，她并没有像娇娇妈妈那样冲动。她先扶起娇娇，再扶起萌萌，说："萌萌，你把这个小朋友挤到地上的做法是不对的，应该向她道歉。"

"对不起，我只是想和你玩抢椅子的游戏，并不是故意想把你挤到地上的。请你原谅我。"萌萌抹着眼泪对娇娇说。

接着，萌萌妈妈看向娇娇妈妈，温和而坚定地说："这位妈妈，孩子之间的事情应该由孩子们自行解决，她们有自己的解决办法。你故意把我家萌萌推到地上，这种做法是不对的。你应该向我女儿道歉。"

"我？向一个孩子道歉？这怎么可能……哼！"娇娇妈妈说完，立马拉着娇娇尴尬地走出了儿童阅览室。

生活中，一些孩子之间的"小摩擦"会戏剧性地发展为成人之间的冲突。有些家长非但不能理智地教自家孩子应对和小朋友之间的"小摩擦"，还会因为护犊子，对对方的孩子或家长破口大骂，甚至大打出手，结果使自家孩子陷入恐慌，自己也可能身陷囹圄，遭受到法律的制裁。

上面故事中的两位妈妈代表了两种不同类型的家长。娇娇妈妈冲动、易怒，与人发生冲突时喜欢以牙还牙，往往容易引发更激烈的冲突；萌萌妈妈冷静、客观，在与人发生冲突时，能够礼貌待人，既勇于面对错误，又能不卑不亢地表达自己的合理诉求，引导孩子理性解决问题，为孩子树立良好的榜样。你希望自己成为哪种类型的家长呢？

教子有方小课堂

能够礼貌待人的人往往拥有更高的修养，对他人也更宽容。家长在引导孩子礼貌待人的同时，也应该让孩子明白，礼貌待人并不意味着要一味地迁就他人的行为，更不意味着要让自己承受委屈。礼貌待人始于恰当表达。

1. 恰当表达，掌握礼貌用语

很多家长抱怨：孩子遇到熟人时不会主动打招呼，即便大人提醒孩子“和人打招呼”，孩子也不情愿，这样太没有礼貌了。其实，孩子会有这样的反应，一方面是因为家长把孩子逼得太紧，孩子因为紧张而不知所措，甚至对“和人打招呼”产生了抵触心理；另一方面则是因为“和人打招呼”这个指令比较抽象，孩子不明确应该用什么样的语言向对方问好。所以，家长应教孩子学会在不同的场景中使用不同的礼貌用语。

见面时的礼貌用语有“早上好”“下午好”“晚上好”“您好”“很高兴认识您”等；感谢时的礼貌用语有“谢谢”“让您费心了”“感谢您的帮助”等；致歉时的礼貌用语有“对不

起”“请原谅”“很抱歉”“请稍等”“麻烦您”“请多包涵”等；回谢时的礼貌用语有“别客气”“不客气”“不用谢”“没关系”“请不要放在心上”等；告别时的礼貌用语有“再见”“请慢走”“祝您一路顺风”“欢迎下次再来”等。

2. 恰当表达，管理好自己的情绪

坏情绪来临时，孩子难免冲动，有些孩子甚至会做出骂人、打人的行为。为了避免这种情况发生，大人应结合生活中的具体情况，引导孩子管理好自己的情绪，恰当地表达自己的情绪。家长可以告诉孩子，和他人发生冲突时，试着这样做：

说出自己的不满，如“我不喜欢别人揪我的头发”“我讨厌别人随便拿我的东西”等。向对方说出自己的不满，能让对方明确自己的底线，避免类似事件再次发生。

指出对方的错误，如“你弄脏了我的裙子”“你摔断了我的铅笔”“你把我的水杯碰倒了”等。指出对方的错误，能够让对方明确问题的关键所在，及时停止错误行为并做出解释或者进行道歉。

表达自己的诉求，如“你把我的笔弄坏了，需要赔我一支一样的”。明确地表达出自己的诉求，是解决问题的关键环节，能够使冲突双方尽快平复情绪，找到解决冲突的办法。

寻求大人的帮助。当孩子之间发生冲突时，因为有些孩子不想承担责任、害怕面对错误等，从而不能有效解决问题，这时就要寻求老师或家长的帮助。

3. 恰当表达，不卑不亢地提出自己的诉求

礼貌待人并不意味着要一味地迁就和妥协，更不意味着要让自己承受委屈。家长应该让孩子知道，在自己被人欺负时，应该不卑不亢、清晰准确地说出事情的来龙去脉，态度坚定地表达出自己希望得到道歉、赔偿等合理诉求。如果孩子受到的伤害比较严重，或对方不积极协商解决，家长还可以借助法律手段保护孩子。

第四节　培养尊敬长辈的品德

尊敬长辈不仅是中华民族的传统美德，还是每个人所应具备的基本美德。但这里的“尊敬”并不意味着无条件地绝对顺从长辈，当长辈有过错时，我们是可以以恰当的方式予以指正的。“怡吾色，柔吾声”（《弟子规》）就是比较恰当的方式。

把座位让给爸爸

放学了，豆豆和爸爸一起乘坐公交车回家。

公交车上的人真多呀。好在豆豆和爸爸上车早，有座位坐。

公交车慢慢地驶出了车站，豆豆爸爸看到一个小女孩站在司机旁边，便对小女孩招招手，示意她走过来，坐在自己的座位上。

小女孩看到了，连忙跑到豆豆爸爸身边，说了声“谢谢叔叔”。可是，小女孩并没有马上坐在座位上，而是向前方招了招手，叫来

一位老爷爷，说：“爷爷，这位叔叔把座位让给咱们了，您快坐吧。”

“真是一个懂事的孩子呀!”“小小的年纪，就知道尊敬长辈，这孩子长大了肯定有出息。”见到小女孩的举动，车上的乘客们纷纷赞扬她。

这一切，豆豆都看在眼里。他眨了眨眼睛，从座位上站起来，对爸爸说：“爸爸，您是我的长辈，我应该尊敬您，我的座位让给您坐吧。”

“我的豆豆长大了，谢谢你！我们一起坐吧。”说完，爸爸开心地抱着豆豆坐在了座位上。

生活中，老人照顾孩子的场景比比皆是，如接送孩子放学、照顾孩子的饮食起居等，但孩子尊敬老人的事例并不多见。偶尔，我们还能在上学路上看到有些孩子因为老人动作迟缓而发脾气。如何引导孩子敬重老人？这是很多家长应该思考的问题。

行胜于言。很多时候，孩子们在生活中的所见所闻，能给孩子带来深刻的启发，使孩子受到深刻的教育。在上面的故事中，豆豆爸爸并没有滔滔不绝地给豆豆讲尊老爱幼的道理，而是通过自己让出座位的实际行动，为豆豆做了很好的示范。而豆豆则通过观察爸爸和小女孩的所作所为及车上其他乘客的反应，习得了尊敬长辈的社会美德。

可见，生活中鲜活的榜样会对孩子的德育产生深刻的影响。如果希望孩子具有尊敬长辈的美德，家长除了在日常生活中多向孩子传授尊老敬老的思想，还要自己做个尊老敬老的人，给孩子树立榜样。

教子有方小课堂

“老吾老以及人之老，幼吾幼以及人之幼。”事实上，我们教育孩子尊敬长辈，不仅是在教育孩子尊敬他人，也是在教育孩子尊重未来的自己。教育孩子尊敬长辈不能停留在口头说教上，而是要让孩子看到真实、鲜活的榜样，帮助孩子形成深刻的尊敬长辈的意识。

1. 多读圣贤故事，培养尊敬长辈的意识

中华民族的历史文化源远流长，其中不乏尊敬长辈、孝敬父母的感人故事。家长可让孩子多读尊敬长辈的圣贤故事，如黄香温席、张良拾履等。在孩子读完这些故事之后，家长可以针对故事内容加以引导，如通过谈话式提问的方式，让孩子领悟到故事的精髓，形成尊敬长辈的意识。

2. 家长以身作则，树立尊敬长辈的榜样

家长是孩子的第一任老师。如果家长能在尊敬长辈方面以身作则，如在准备饭菜时，考虑老人的喜好；一家人一起吃饭时，请老人先动筷；耐心地回答老人的问题；认真地教老人使用智能手机等，那么孩子会以家长为榜样，养成尊敬长辈的美德。

3. 传播长辈光辉事迹

孩子们都喜欢追求时尚的、流行的、有朝气的偶像。在孩子们

眼中，老人们往往动作笨拙、思维迟缓，思想也跟不上时代发展的步伐。但是，他们也曾有过辉煌的过往。虽然时间这趟列车载走了他们的辉煌，就像终有一天它也会载走我们的辉煌一样，但总有些美好的回忆会被沉淀下来。所以，家长可以多给孩子讲述老人以往的光辉事迹，突出老人勤劳、勇敢、智慧、奉献等优秀品质，这样能够引导孩子客观地对待生命的自然规律，使孩子形成对老人理解、崇拜、尊敬的态度。

4. 多与老人互动，参与尊敬长辈的实践

不和老人生活在一起的家庭，孩子与老人接触的机会很少，家长可以采用多与老人通电话、多带孩子回家看看老人等方式，让孩子参与到尊敬长辈的实践中来，使孩子在互动中学会恰当地与老人沟通，学会陪伴、理解、包容、孝敬老人等。

第五节　培养尊重老师的品德

尊师重道是中华民族的传统美德。好的老师不但能够给孩子有益的教诲，成为孩子学习的榜样，还能引导孩子向上向善，成人成才。很多家长能够意识到老师的重要作用，常常教育孩子要“听老师的话”。事实上，“听老师的话”与“尊重老师”还是有细微差别的。作为低年级学生的家长，一定要引导孩子亲近老师、尊重老师，这样孩子才能在校园生活中获得良好的体验。

“×”变成了“√”

这天，齐齐放学后气呼呼地回到家里。

原来，语文老师在批改试卷时，把齐齐写对的一道题判错了，还在卷子上面画了一个红红的“×”。

齐齐很不服气，一进屋便和妈妈抱怨道：“玲玲的答案和我的答案是一样的，老师给她画‘√’，却给我画‘×’，太不公平了！”

齐齐妈妈看了看齐齐的试卷，上面确实有一道题被误判。齐齐妈妈并没有立马指责老师的错误，而是温和地对齐齐说：“妈妈了解到你们班语文老师一直是一个很公正的人。如果这次她确实把题判错了，会不会是因为她工作太繁忙，一时疏忽导致的呢？你想，你们班有 45 名学生，老师要改 45 份试卷。要不这样，你明天下课的时候拿着试卷去找语文老师，请她帮忙讲解一下这道题，老师也许会解答你的疑惑。”

第二天，齐齐按照妈妈的建议，拿着试卷去找语文老师请教问题。语文老师看到题目后，皱了皱眉毛，说：“这道题是老师误判了……”

天啊，太好了！齐齐看着老师修正后的红“√”，高兴得差点儿跳起来。她没想到，老师居然真的把“×”改成了“√”，还夸齐齐善于钻研问题呢！看来，真像妈妈说的，语文老师是一个公正的人！

金无足赤，人无完人。即便是老师，也可能在工作中出现失误，这是人之常情。但是，对低年级的学生而言，他们眼中的老师是神圣的，是绝对不会犯一点儿错误的。老师犯错，那简直是天大的事，是孩子们无论如何都不能接受的。

故事中的妈妈在发现孩子试卷上的一道题被老师误判了以后，并没有抱怨老师工作失误，而是首先肯定语文老师“公正”，接着引导孩子认识到老师工作任务的繁重，为老师误判试卷找到合适的理由，唤起孩子对老师的体谅，最后帮助孩子委婉地指出老师工作中的失误，成功地使试卷上的“×”变成“√”。

这样引导孩子从积极的角度思考问题的做法，既维护了老师的尊严和形象，又维护了孩子和老师之间的关系，避免孩子对老师产生不信服或抗拒的心理，有利于增进师生感情。

教子有方小课堂

学生因为不喜欢某个老师而对其所教科目产生厌学心理，甚至有意与老师“对抗”。这样的事例经常发生。这说明一个人在亲近、尊敬自己的老师时，更乐于接受老师所传授的知识。这也让家长认识到：要帮助老师树立在孩子心中的威信，使孩子养成尊敬老师的品德。同时，家长也需要与老师交流合作，共同促进孩子成长。

1. 帮助老师树立正面形象

在日常生活中，家长和孩子谈及老师时，一定要对老师做出积极的评价，帮助老师树立正面形象，同时，要引导孩子正确看待教师这一职业，使孩子明白：即便是老师，也可能犯一些小错误，没有必要因为老师偶尔犯错就否定老师传道、授业、解惑的育人价值，要爱戴、体谅、信服、尊敬老师。

2. 增进老师对孩子的了解

家长在引导孩子理解、体谅、尊重老师的同时，也要及时准确地同老师交流孩子的情况，如孩子的性格特点、爱好特长、学习品质等，以便于老师结合孩子在学校和家庭的表现因材施教，这样，孩子的学习效果会得到有效提升。

3. 积极配合老师的工作

老师的工作是复杂的，尤其是班主任，不仅要承担繁重的教学任务，还要负责班级日常管理、组织学生参加各种活动、应对各种检查和考核。作为家长，在老师有需求时，应支持老师的工作，在力所能及的范围内参与班级活动的准备工作等。孩子看到家长积极配合老师的工作，也会效仿家长，积极配合老师的各项要求，与老师形成良性互动。

4. 适时表达对老师的感谢

家长适时表达对老师的尊敬和感谢，能够拉近与老师的心理距离，形成更大的教育合力。一些人常将“感谢”与“包红包”“送大礼”相关联，仿佛老师辛勤付出的目的就是赚取家长的答谢红包，这样的想法是错误的。事实上，在教师节向老师送上真诚的祝福和感谢，更能表达对老师的尊重和爱戴，更能满足老师的情绪价值需求。

第六节　培养热爱集体的品德

有人说："一滴水只有放进大海里才永远不会干涸，一个人只有当他把自己和集体事业融合在一起的时候才最有力量。"每个人都是集体中的一分子，只有在集体中，个人才能发展得更好。对于刚刚踏入校园大门的小学生，只有充分融入集体，热爱集体，获得集体归属感，才能在集体中结交更多的朋友，获得更愉快的学习体验和更好的个人发展。因此，家长应注重培养孩子融入新集体的能力和热爱集体的美德，帮助孩子从集体中汲取向上成长的动力。

和涛涛同桌

轩轩今年上小学一年级，但他并不喜欢去学校。

每天早晨，只要一起床，轩轩就哭闹着说自己不想去学校，除非老师能让他和涛涛同桌。

原来，轩轩所在的新班级里没有他以前的玩伴，他希望能够像在幼儿园时一样，和涛涛同桌。

听了轩轩的理由，爸爸既无奈又生气："你这孩子太任性了！学校不是咱家，不能凡事都由着你的性子来！赶快去上学！"

听了爸爸的话，轩轩哭得更凶了。

轩轩妈妈走过来，拉着轩轩的手说："你在新班级里暂时没有交到新朋友，还不适应新环境，所以很怀念老朋友涛涛，对吗?”

“嗯。妈妈，我不喜欢新班级，我想像以前一样，和涛涛同桌……”轩轩说完，又委屈地哭了起来。

“妈妈非常理解你的心情。但是，涛涛和你不在同一个班级，没办法和你同桌。班级里其他小朋友和你一样，也想结交新朋友。咱们试着结交一些新朋友吧?”轩轩妈妈继续开导轩轩，“妈妈昨天买了很多橡皮，一会儿你带到学校去，作为小礼物送给同学们，这样大家就知道你和他们一样，也想交新朋友了，好吗?”

听了妈妈的话，轩轩不哭了，他想试试妈妈这个办法灵不灵。

把轩轩送上校车后，轩轩妈妈很快联系到轩轩的班主任，说明轩轩的情况后，希望老师能同意轩轩把橡皮分给小朋友们，从而鼓励他多交新朋友。当天，班主任不但鼓励轩轩把小礼物分给同学们，还组织大家拍了合照。照片里，轩轩和同学们手里都拿着橡皮，每个人都笑得甜甜的。现在，轩轩结交了新的朋友，他越来越喜爱这个新班级了。

故事中的轩轩在加入一个新集体时，遇到了适应性问题。这种入学适应不良的情况在我国小学新生中很普遍。调查显示，有20%～42%的小学新生有轻度适应不良，7%～12%的小学新生有严重的适应不良。

故事中的轩轩爸爸没有意识到问题的本质，一味地指责孩子，这样的做法不仅不能帮助孩子尽快适应新的集体，培养孩子融入集体和热爱集体的美德，而且会影响亲子关系的发展，加重孩子对新环境的焦虑。相反，轩轩妈妈能够透过现象看到事情的本质，首先理解轩轩的心情，再通过说理让轩轩认识到不能和涛涛继续同桌的客观事实，最后通过让轩轩向同学们分发学习用品并寻求班主任的帮助，促成轩轩与同学的互动，使轩轩收获了良好的集体生活体验。这样的做法不仅能帮助轩轩熟悉和适应新的班集体，而且为轩轩的小学生活注入了积极的能量，能够促进轩轩熟悉同学、结交朋友、热爱集体。

教子有方小课堂

不能顺利适应新的集体环境，是影响小学低年级学生学习效果的主要原因之一。作为家长，要积极关注孩子与集体的关系，引导孩子接纳集体、融入集体、热爱集体，并从集体中汲取成长的力量。

1. 了解并接纳集体

在孩子即将进入新的集体之前，家长可以提前向孩子介绍有关新集体的信息，如新集体的名字、位置、社会口碑等，还可以与孩子一起畅想在新集体里的快乐生活，帮助孩子在脑海中构建对新集体的印象。

2. 积极地融入集体

当孩子进入新集体后，家长可以引导孩子关注集体成员的相关信息、集体生活的规则，积极地融入集体。比如，请孩子向家长介绍一下新集体的成员数量、环境情况等，让孩子说一说自己在新集体中的感受等，这样不仅能增进孩子对新集体的感情，而且能让家长及时发现孩子在适应新集体的过程中遇到的问题，从而有针对性地引导孩子适应新集体。家长还可以鼓励孩子积极参加新集体组织的各项活动，让孩子更快地融入集体，收获集体归宿感。

3. 关心和热爱集体

小学低年级的孩子在意识到每个人都是集体的一员后，会愿意投入更多的热情，维护集体的荣誉和利益。但是，他们并不清楚可以通过哪些具体的行为来维护集体的荣誉和利益。其实，热爱集体的方式多种多样，家长可以鼓励孩子多为班级做力所能及的贡献，如积极参与班级管理、维护班级卫生、关注集体荣誉、关心同学等。

人是社会性动物，无论在学校生活还是在社会生活中，集体对于个人的成长都具有重要的作用。对于孩子来说，只有热爱集体，才能够在与集体成员的互动中体会到幸福感，从集体中汲取更丰富的成长力量。

第二章 家庭身心健康教育

小学低年级的孩子正处在身体生长和心理发育的关键时期。作为家长，应该为孩子提供良好的环境，促进孩子长成健康的体魄，形成健康的心理，以更好地适应未来社会的发展和需要，成为一个对国家、社会和家庭有用的人。

本章将从保护牙齿、爱护眼睛、热爱运动、按时作息、乐观自信、积极表达等方面着手，为家长培养孩子的各种良好习惯指明方向，促进孩子的身心健康。

第一节 养成保护牙齿的习惯

牙齿的主要功能是帮助我们切咬、咀嚼食物，促进人体吸收食物中的营养物质，它还能帮助我们保持面部外形，辅助我们发音。牙齿的健康发育直接关系到人的身体健康和五官的美观。养成良好的刷牙、护牙习惯，及时维护牙齿健康，对孩子的健康成长十分重要。

儿童的生长发育情况不同，其换牙的时间也不完全相同。整个小学阶段，家长除了要关注孩子的口腔卫生，还要留意孩子乳牙替换的进度、新生恒牙的整齐程度等问题。

笑笑不爱笑了

笑笑很爱笑。但是最近，妈妈发现笑笑不爱笑了。原因是笑笑的牙齿……

上小学之前，笑笑就开始换牙了，小伙伴们喜欢叫笑笑“小豁牙”。笑笑不喜欢这个称呼，她问妈妈怎么办。

妈妈说：“没关系。每个小朋友都会经历换牙的过程，都会变成‘小豁牙’，牙齿掉了还会长出新牙。新牙长出来就不再是‘小豁牙’了。”

小学一年级时，笑笑总会感到牙疼，好像有虫子在咬她的牙齿。笑笑感到很不舒服，她问妈妈怎么办。

妈妈说：“没关系。很多小朋友都会有牙疼的经历，就算长了‘虫牙’也没关系，因为‘虫牙’会掉，‘虫牙’掉了还会长出新牙。”

小学二年级时，学校体检，医生检查了笑笑的牙齿，说：“小朋友，你的龋齿很严重，需要赶快就医。”笑笑很害怕，她问妈妈怎么办。

妈妈说：“没关系。很多小朋友都有龋齿，龋齿掉了还会长出新牙的。”

最近，笑笑不爱笑了，和同学们在一起的时候，她总是刻意地闭紧嘴巴，她觉得自己的龋齿好丑，她害怕同学们看到她黑黑的龋齿，会笑话她。

现在，很多家长越来越重视孩子的身高、牙齿、视力，有的家长甚至因为过度关注而出现焦虑情绪。故事中笑笑的妈妈虽然没有因为孩子的牙齿问题而感到焦虑，但她放任不管，不仅忽略了孩子的牙齿健康，而且忽略了孩子的心理健康。如果笑笑妈妈能重视笑笑的牙齿健康，或许笑笑就不会因为自己的龋齿感到不安。

一般情况下，人会先后经历两次长牙的过程。第一次长出的牙为乳牙，到两岁左右出齐；六岁左右，乳牙逐渐开始脱落，长出恒牙。乳牙脱落、恒牙长出的时间段为换牙期。很多家长误以为换牙期只是个过渡期，不需要关注孩子牙齿的生长情况，一切顺其自然就好，这种想法是错误的。无论在孩子的乳牙萌出期还是在换牙期，家长都应该帮助孩子养成清洁牙齿、护理牙齿、定期检查牙齿健康的好习惯。拥有一口洁白整齐的好牙齿会使孩子产生更多自信，让孩子受益良多。

教子有方小课堂

牙齿护理可分以下三步：

第一步：注意口腔的清洁卫生

选择好刷牙用具。这里所说的刷牙用具是指牙刷、牙膏和刷牙杯。有些孩子会因为牙刷比较粗糙或牙膏味道不好而抗拒刷牙，此时，家长可以带孩子一起选购能够引起孩子兴趣的刷牙用具。同时，宜选择软头、软毛的牙刷，以保护牙龈，并给孩子带来好的刷牙体验。

学习好的刷牙方法。好的刷牙方法可以帮助孩子更好地清洁口腔卫生，现在普遍推荐的刷牙方法为“巴氏刷牙法”，其基本操作分为以下几个步骤：

1. 刷外侧面：以 2 ～ 3 颗牙齿为一组，将牙刷倾斜 45°（刷门牙组时牙刷应竖起），对准牙齿和牙龈的交界处，来回水平移动牙刷，刷动 10 次左右，再移至下一组。

2. 刷内侧面：按照刷外侧面的方法，刷牙齿的内侧面。

3. 刷咀嚼面：把牙刷放在咀嚼面上前后来回移动。

以上刷牙步骤完成后，可重复操作，以保障每次刷牙时间不少于 3 分钟。刷牙结束时应用清水漱口，同时清洁舌苔。最后清洗并整理好刷牙用具。

养成好的护齿习惯。早晚刷牙和食用食物后漱口都是保护牙齿的好习惯。家长可以通过陪伴刷牙、家庭成员互相监督漱口等方式，促进孩子养成良好的护齿习惯。

第二步：关注换牙这个特殊阶段

6 ～ 12 岁是儿童的主要换牙阶段，在这个阶段，要注意饮食的营养均衡，以促进恒牙及时萌出。家长除了要关注孩子的口腔卫生，还要重点留意六龄齿的生长和乳牙滞留问题。

1. 六龄齿及窝沟封闭

孩子在 6 岁左右（有些孩子发育得较快，可能稍早一些，也有些孩子可能会稍晚一些）会陆续萌出恒磨牙和前磨牙。磨牙槽面的窝沟较深，很难清理干净，极易发展成龋齿，所以，一旦磨牙萌出完毕，家长要及时带孩子做窝沟封闭，以有效预防龋齿的发生。

2. 常见的乳牙滞留问题

乳牙滞留一般是指继承恒牙已经萌出，但乳牙未能按时脱落，或恒牙虽未萌出，但乳牙保留在恒牙列中的现象。造成乳牙滞留的原因有很多，例如继承恒牙萌出方向异常、恒牙先天缺失、乳牙根尖周病变、继承恒牙萌出无力、恒牙牙胚位置远离乳牙牙根等。如果乳牙滞留问题得不到及时处理，很容易影响口腔的卫生和健康，甚至发展成龅牙、地包天等，严重影响容貌美观。若孩子出现乳牙滞留问题时要尽快拔除滞留乳牙。

在换牙期间，孩子往往会感到不适，家长要叮嘱孩子不要用手拽或晃动牙齿，最好定期带孩子到医院检查恒牙生长状态。

第三步：抓住牙齿矫正黄金期

常见的牙齿发育畸形包括牙列拥挤、龅牙、开颌、地包天等。如果得到及时矫正，畸形发育对孩子的影响能够降到最低。12 ～ 13 周岁是牙齿矫正的黄金期，该年龄段儿童的牙齿具有一定的再生长潜力，在人工干预下会取得较好的牙齿矫正效果。

想保护好孩子的牙齿，家长还应关注孩子的饮食健康。家长应引导孩子，尽量少吃零食，如果非要吃零食，可以尽量选择牛奶、水果等相对健康的食品；要尽量避免饮用碳酸饮料等容易对牙齿造成腐蚀性危害的食品。有研究结果表明，常喝碳酸饮料的孩子牙齿被腐蚀的风险比不喝碳酸饮料的孩子高59%。如果每天喝4杯碳酸饮料，孩子的牙齿被损坏的概率会增加252%。另外，有专家研究发现，儿童饮食过于精细可能会造成换牙期乳牙滞留。

第二节　养成爱护眼睛的习惯

青少年视力问题是近些年来备受家长们关注的问题。

近年来，小学生的近视率呈上升的趋势。近视是眼睛的一种屈光状态。虽然它不是疾病，但它可引起许多眼部并发症，对青少年的生活造成诸多不便。此外，近视不能完全恢复，只能进行科学改善和控制。因此，保护孩子的视力，使孩子能有“光明”的未来，是每个家长所要面临的艰巨任务。

家里多了个“小眼镜”

小学二年级的豆豆和爸爸一样，都是电子游戏迷。妈妈认为玩电子游戏对眼睛有伤害，不让他们玩。

这天，豆豆妈妈值班。晚上六点，豆豆爸爸拿出游戏机，准备大玩一场。

正在写作业的豆豆凑到爸爸身边说：“爸爸，咱们一起玩吧。”

“去去去，写作业去，你妈不让你玩电子游戏。”豆豆爸爸说。

“你不让我玩，我就告诉妈妈，她也不让你玩！”豆豆说。

“好吧，好吧，一起玩。我定个闹钟，咱们得在你妈回来之前把游戏装备收起来，免得被她发现咱们玩游戏。”后来，每次妈妈值班，豆豆都会玩两个小时的电子游戏。

后来，豆豆妈妈发现豆豆看东西的时候总是眯着眼睛，便带他到医院检查视力，医生说，豆豆的双眼已经近视了。

豆豆妈妈觉得自己很失职，没有照顾好豆豆，才让他小小年纪就戴上了眼镜。

人们常说“眼睛是心灵的窗户”。由于用眼习惯不好、摄入营养不均衡、睡眠时间不充足、室外光照时间不够等，越来越多的青少年出现近视等眼部问题。

故事中，豆豆爸爸让豆豆长时间使用电子产品，这很可能是诱发豆豆患近视的主要原因。在现实生活中，像豆豆爸爸这样为了不让孩子打扰自己而放任孩子玩电子游戏、玩手机、看电视的家长为数不少。豆豆爸爸的做法不仅不利于孩子的身体健康，而且给孩子带来负面的影响，使孩子学会了“阳奉阴违”，增加了其他家庭成员教育孩子的难度。

教子有方小课堂

虽然现在的医疗技术很发达，许多眼部疾病可以得到治疗，但是眼病给眼睛带来的伤害是不可逆转的。所以，爱护眼睛应以预防为主。预防近视发生，要从小做起，并重点关注以下几个方面：

1. 养成良好的用眼习惯

长时间近距离视物是造成近视的主要原因之一。家长应叮嘱孩子坚持做眼保健操，并指导孩子在读书、写字等场景中，按照下面表格中的规范养成正确的用眼习惯。尤其应注意的是，小学低年级孩子每天累计使用电子产品的时间最好不要超过 1 小时。

从事活动	用眼距离	连续用眼时长	间隔时间
读书	约 33 厘米	30 ～ 40 分钟	5 ～ 10 分钟
写字	约 33 厘米	30 ～ 40 分钟	5 ～ 10 分钟
看电视	约 3 米	30 ～ 40 分钟	10 分钟
使用电子产品学习	约 45 厘米	30 ～ 40 分钟	10 分钟

同时，当孩子在读书、写字时，应关注孩子的用眼习惯，严格做到：手离笔尖一寸远，胸离书桌一拳远，眼离书本一尺远。低年级孩子的自制力相对较差，如果孩子不能自觉做到以上三个“一”或者已经形成了不良的书写习惯，家长可以进行监督指导，并借助外力，如握笔器、阅读架、坐姿矫正背带、坐姿矫正器等，帮助孩子矫正不良习惯。

2. 摄入均衡的食物营养

少摄入甜食、碳酸饮料、油炸膨化食品。孩子们都喜欢吃巧克力、蛋糕、糖果等甜食，喜欢喝可乐、雪碧等碳酸饮料，但是这些食物往往会诱发近视。

甜食、碳酸饮料中含有大量的糖分。孩子摄入过多糖分，不仅容易引发营养失调，而且会消耗体内对视神经具有保护作用的维生素 B1，使视神经处于缺乏营养的状态，引发视疲劳，诱发近视。油炸膨化食品中含有大量反式脂肪酸，它们会严重影响脑部神经细胞和视网膜等重要器官组织的生长发育。所以，应让孩子少摄入甜食、碳酸饮料、油炸膨化食品，多摄入鱼类、水果、绿色蔬菜等富含维生素 A、维生素 C、维生素 E、叶黄素等有益于视力健康的食物，为眼部发育提供更多的营养。

3. 保证充足的睡眠时间

孩子正处于生长发育的重要时期，睡眠不足不仅会诱发近视，而且还会影响生长激素的分泌，导致乏力、嗜睡、抵抗力下降、眼部发育不良等。小学生每天的睡眠时长应不少于 10 个小时。

4. 保持充分的室外运动

科学研究表明，每天 2 小时的户外活动可以有效预防近视的发生和发展。很多家长喜欢带孩子去室内游乐场，因为只要孩子进了游乐场，家长就可以在一旁看手机或打游戏了，其实，这是一种偷懒的行为。家长应该带孩子参加户外活动，让孩子在奔跑、跳跃等运动项目中“目”浴阳光，从而有效预防近视。

5. 发现视力问题要及时矫正

很多家长在发现孩子近视后的第一反应是自责，怪自己没有照顾好孩子，认为孩子近视是自己失责。其实大可不必，哪个家长不希望自己的孩子能健健康康地成长呢？事情既然已经发生了，积极地去面对就好。造成近视的原因是复杂多样的。发现孩子的视力可能存在问题时，家长应及时带孩子到正规眼科医院就诊。如果孩子出现近视，要在医生的指导下及时进行矫正。如果是假性近视，可以在医生的建议下通过及时改变用眼习惯，配合按摩、视觉训练等手段，延缓近视发生；如果是真性近视，就要遵医嘱积极矫正，通过佩戴框架镜或角膜塑形镜等方式，避免近视度数增长过快。

第三节　养成热爱运动的习惯

当前，虽然我国中小学普遍加强了学生的体育教育，使学生在学校有场地、有时间参加体育活动，但在校外，大部分学生每天参与体育活动的时长明显不足。其原因是，有些家长担心孩子在运动时受伤，还有些家长担心孩子参加体育活动会影响学习成绩。

人们常说“生命在于运动”，运动的积极作用不言而喻。运动有利于人体骨骼、肌肉等生长发育，能够提高人体抵抗疾病的能力，能改善神经系统的调节功能，使人的动作更协调、反应更迅速，能够促进睡眠、消除压力。小学生更应该积极参加体育运动，养成热爱运动的好习惯。

苗苗的心事

苗苗是二年级（五）班的语文课代表。她喜欢读书，喜欢学习，是很多家长眼中的“别人家的孩子”。可是最近，苗苗因为一桩心事而变得闷闷不乐。

原来，学校最近又要组织大家进行跳绳测试了。一年级时，不会跳绳的苗苗看着大家跳得灵活又轻快，心里羡慕得不得了。马上要进行二年级的跳绳测试了，苗苗还是不会跳，这可怎么办呀！于是苗苗在家里练习跳绳。妈妈看着苗苗并不灵巧的样子说：“你像我，没有体育天赋，跑不快，也跳不高。咱们不用花时间练习跳绳，你把学习成绩搞好就行。”

奶奶也忍不住对苗苗说：“跳绳、跑步，这些都是淘气的孩子们才喜欢的体育活动，太浪费时间，你只要吃好喝好，把学习搞好就行了。”

苗苗虽然被妈妈和奶奶劝回书桌前，但是她心里还惦记着跳绳的事情。她多想参加学校组织的足球、乒乓球、两人三足、短跑比赛，为班级争得荣誉，而不是像现在这样，只能在场外当一名观众。

很多家长只注重孩子的饮食健康和文化课成绩，而忽视了培养孩子参加体育运动的习惯。其实，体育教育是我国实施的素质教育中不可或缺的教育项目之一，德智体美劳全面发展的孩子更符合国家教育的需要。

为激励学生积极参加身体锻炼，提高学生的体质健康水平，我国相关部门从身体形态、身体机能和身体素质等方面着手拟定了《国家学生体质健康标准》，这也是学生发展核心素养体系和学业质量标准的重要组成部分，是学生体质健康的个体评价标准。

其实，孩子参加体育活动的意义不应该仅仅局限于为了应付达标测验。在参加体育运动的过程中，孩子不仅可以强健体魄、学习技能、释放压力，还能够增强与同伴的交流，提高人际交往能力，丰富兴趣爱好，这对孩子的全面发展无疑是有巨大帮助的。

教子有方小课堂

小学低年级孩子选择体育运动项目时，应以安全、方便、感兴趣为基本原则，避免参与过于激烈、持续时间过长或难度过大的运动项目。

1. 选择合适的运动项目

可以首选跳绳、跑步、拍球等随时可以进行的运动项目。对于不爱参加运动的孩子，可以通过玩老鹰捉小鸡、丢沙包等随时可以进行的简单游戏，让孩子先动起来，激发孩子参与体育活动的兴趣，再循序渐进地引导其参与其他运动项目。

2. 注意安全防护

在进行体育活动之前，应教会孩子注意运动中的安全防护。如进行跑、跳、投掷等剧烈运动之前应先做热身运动；在公园等公共场所使用运动器械前应首先阅读使用说明；要选择安全的场地进行活动，应远离马路、湖泊、水库等有安全隐患的场地等。同时，应该让孩子明白，在参与体育活动时不可避免要与人发生肢体碰撞，除了应尽量避免冲撞他人，还要注意保护好自己免受冲撞。

3. 引导孩子持之以恒

很多孩子在最开始接触某项体育运动时会表现得比较积极，训练一段时间后，往往会表现得懒惰、畏缩、抗拒、不愿坚持等，家长此时应开导孩子，帮助孩子持之以恒地坚持下去，引导孩子发现自己取得的进步，增加孩子的成就感。但是，如果孩子的身体条件确实不允许孩子长时间地进行某项体育运动，家长就要坚持“安全第一”“健康第一”的原则，考虑让孩子停止该运动项目的训练。

4. 规定项目重点练习

对于教育部门需要组织测评的体育项目，家长可以参照《国家学生体质健康标准》中的具体测评标准，带领孩子有针对性地进行练习。

如果孩子身体存在特殊情况，确实无法参加测评或无法达到测评标准，可以咨询学校或与当地教育主管部门取得联系，了解具体应对政策。

随着人们生活水平的不断提高，我们身边长得瘦小、营养不良的孩子越来越少，但长得肥胖、营养过剩的孩子越来越多。这些胖孩子在参与体育运动和进行体质健康测试时往往处于劣势，所以，这些胖孩子的家长更应该重视培养孩子参加体育运动的习惯。这样做，不仅是为了让孩子在体质健康测试中顺利过关，更是为了提高孩子的身体素质。

第四节　养成按时作息的习惯

科学表明，睡眠对促进中小学生身心健康至关重要。专家建议，小学生每天的睡眠时间应不少于10小时。

小学生活泼好动，常常出现因为贪玩导致晚睡或难以入睡等情况，影响第二天的学习、生活。因此，家长应该引导孩子养成规律的作息习惯，保证充足的睡眠。

悦悦睡着了

开学第一天，刚刚升入二年级的悦悦居然在课堂上睡着了！

原来，在暑假期间，悦悦每天都和小伙伴们一起玩到很晚才回家，第二天太阳升得老高时悦悦才起床。

开学前两周，虽然老师叮嘱过大家要早睡早起，养成规律的作息习惯，为开学做好准备，但悦悦的家长不以为意，因为悦悦的学习成绩很好，所以，悦悦家长对悦悦特别放心，让悦悦自由支配作息时间。悦悦还是晚睡晚起。

昨天晚上，悦悦和伙伴们一起玩追人的游戏，回到家里已经晚上九点多了。吃东西、刷牙、洗澡、整理书包之后，悦悦上床时已经是晚上十点多了。

今天早上，悦悦妈妈六点钟准时把悦悦叫醒，将他送上校车。上课前，悦悦觉得又累又困，本想趴在桌子上休息一会儿，没想到居然睡着了，连上课铃声都没听到。

语文老师走进教室，喊了“上课”之后，全班同学都站起来向老师问好，只有悦悦还在梦里跟周公“会谈”。同学们见状也忍俊不禁，有两个淘气的孩子开玩笑称悦悦为班级的“觉皇”。

老师虽然没有批评悦悦，只是提醒他回家之后注意调整作息时间，但悦悦觉得自己在课堂上睡觉是一件不光彩的事儿，他担心从此以后，同学们会认为他不再是一个好学生了。

有人认为，孩子的作息行为是自发的，没必要进行干预或调整，孩子困了自然会去睡觉，如果孩子不困，躺在床上也是浪费时间，而且，孩子的学习成绩与孩子睡眠时间的长短、作息是否规律没有必然联系。事实并非如此。

首先，从生长发育的角度讲，早睡能够帮助运动了一整天的儿童获得充足的休息，恢复身体机能，对促进其大脑发育、骨骼生长等具有积极作用。

其次，从习惯养成的角度讲，早睡早起是低年级儿童最容易养成的一种行为习惯，也对其他习惯的养成具有促进作用。作为低年级学生的家长，千万不要只看孩子的分数而忽视对孩子良好习惯的培养。一个能够按时作息的孩子一定更容易养成自觉学习的习惯，且一定更容易给自己做好学习计划，这些才是真正决定孩子学习成绩长期稳定的重要因素。

最后，从心理健康的角度讲，孩子和大人一样，是生活在小小的社会当中的，在孩子们眼中，在课堂上睡觉是一件很不光彩的事。悦悦担心自己会给同学们留下不好的印象，这种担心可能给悦悦带来怎样的影响呢？是自己奋发图强，用实际行动向同学们证明自己只是犯了一个小错误呢？还是被动地接受“坏学生”的标签，丧失信心，甚至自暴自弃呢？如果悦悦因此而自暴自弃，这无疑对心理健康不利。

教子有方小课堂

规范作息可从以下几个方面入手：

1. 制作一份作息时间规划表

作息时间规划表是规范作息时间的一种辅助工具。很多孩子对家长制作的作息时间规划表并不感兴趣，甚至不愿意遵守和执行，这是因为家长在制作作息时间规划表时忽略了孩子的意愿。家长可以让孩子自己制作作息时间规划表，如果孩子设计得特别不合理，家长可以态度温和地给出建议，引导孩子进行调整。

小学低年级孩子的自制力相对较差，因此在执行作息时间规划表的初始期，家长应进行监督和鞭策；在孩子能够自觉执行作息时间规划表的时候，家长应及时地进行肯定和表扬。

2. 营造利于入睡的氛围

舒适的入睡氛围有助于孩子更快地平复情绪，进入睡眠状态。临睡时，家长应将室内灯光调暗，关闭电视机、手机，避免外界环境影响孩子入睡。

家长还应避免在孩子接近入睡的时间让其过于兴奋，如谈论孩子梦寐以求的玩具、规划孩子向往的旅行等，这样容易使孩子因为兴奋而难以入睡。家长可以和孩子一起读书、听节奏舒缓的音乐，帮助孩子进入睡眠状态。

对于处于入学适应阶段（小学一年级或转班、转学）的小学生，家长还可以在孩子准备入睡时与其谈论有关新同学、新老师、新班级、新学校等话题。这样有利于家长了解孩子的成长动态，促进亲子之间的感情，也有利于帮助孩子应对新环境带来的困惑，更好地适应新环境。

3. 帮助孩子科学地利用生物钟

生物钟又称生理钟，是生物体内一种无形的“时钟”，它实际上是指生物生命活动的周期性节律。这种节律，经过长时间的适应，与自然界的节律（如昼夜变化、四季变化）相一致。人们按照生物钟来安排作息，能够提高工作效率和学习成绩，减轻疲劳、预防疾病。小学低年级孩子处于学习习惯的养成阶段，家长应注意按照孩子的生物钟来安排学习任务，帮助孩子提高学习效率。

一些孩子在假期里可能形成晚睡晚起的习惯。家长应该从开学前两周开始有意识地调整孩子的生物钟，帮助孩子适应开学后学校的作息时间安排。

第五节　养成乐观自信的习惯

自信是一个人对自我的相信、肯定和认同。

自信的人往往深信自己一定能做成某件事，并愿意为做成这件事情而不懈努力。一个自信的孩子，在学习中遇到困难时，会拥有更大的勇气去面对压力和挑战，能更乐观地追求自己想要达到的目标。

自信不是一朝一夕建立起来的，而是人们在一次次的探索和行动中慢慢积累起来的。

谁说我们不行

乔乔来到姥姥家，和舅舅家的妹妹一起玩。

见乔乔骑着自行车转来转去，妹妹也想骑乔乔的自行车。姥姥见了，忙拉住妹妹说："不行，你是女孩，胆子小，不能骑自行车，你骑上自行车会摔下来的。"听了姥姥的话，妹妹想象着自己从自行车上摔下来的情景，害怕得躲到姥姥身后，远远地看着乔乔骑自行车。

见乔乔爬上院子里的小花坛，妹妹也想爬上去和乔乔一起玩。姥姥见了，忙拉住妹妹说："不行，你是女孩，不能爬那么高，爬上去会摔下来的。"听了姥姥的话，妹妹想象着自己从花坛上摔下来的情景，害怕得躲到姥姥身后。

见舅妈在做饭，乔乔和妹妹想过去帮忙洗菜。姥姥见了，忙拉住乔乔和妹妹的手说："不行，你们不会洗菜，你们洗不干净，还会把水弄得到处都是。"听了姥姥的话，妹妹想象着自己把水弄得到处都是的情景，害怕得躲到姥姥身后。

"姥姥，我们今年8岁了，已经不是小孩子了。谁说我们不行？妈妈说我已经能像个小男子汉一样帮她洗菜、拖地了！"说着，乔乔像在家里一样，帮舅妈洗起菜来。

妹妹见了，连忙跑过去，高高兴兴地和乔乔一同洗起菜来。

故事中的乔乔勇敢、自信，妹妹则完全相反。作为家长，你希望自己的孩子像乔乔一样自信，还是像妹妹一样做家人手中的牵线木偶，面对自己想做的事情却不敢尝试呢？

小学低年级孩子对自己的认知往往来自于他人的评价。如果家长对孩子的评价总是消极的，那么孩子往往会毫不抗拒地接受这些负面标签，并使自己朝着标签所指示的内容成长。

所以，如果想培养出一个积极自信的孩子，家长首先要改变自己的错误观念和自己对孩子的负面评价，为孩子营造积极向上的成长氛围。要让孩子多探索、多尝试，在行动中积累健康成长的力量。

教子有方小课堂

家长可以从以下方面培养孩子的乐观自信：

1. 积极的心理暗示

心理学中有一种“贴标签效应”，这种效应对我们培养孩子乐观自信的习惯同样适用。具体方法是，当发现孩子在某方面表现出不自信时，留心观察并发现孩子身上的自信因素，并对这种因素以标签的形式进行积极的评价。

如，当一个胆小的孩子主动找其他同学玩时、摔倒了自己爬起来时、第一次举手回答问题时，都可以评价他是个“勇敢的孩子”。久而久之，孩子会认同并接纳这种评价，增强自信，成长为一个勇敢的孩子。

2. 成功经验的积累

对于孩子来说，通过努力取得的进步就是最大的成功。家长应留意孩子所取得的点滴进步，并及时表扬孩子。

如，当看到孩子在认真书写汉字时，要通过对比的方式指出其书写的进步，让孩子体验到，只要认真书写，自己就会取得进步，从而积累自信。

3. 家长的行为示范

儿童的自信源自家长的行为示范。家长都希望自己的孩子在大庭广众之下能够积极表现，得到大家的赞赏，但真正愿意表现的孩子似乎并不多。当孩子不能按照家长的期待展示自己时，一些家长对孩子的评价是怎样的呢？他们会说“上台表演个节目有啥可怕的”“没出息，连上台发言都不敢”“你怎么不抢着上台呢”……

如果同样的机会出现在家长面前，又有几个家长自信地上台积极表现呢？所以，想要培养乐观自信的孩子，家长也要做出积极表率。当看到孩子因缺乏自信而不敢参加集体活动时，家长应主动参加集体活动，并向孩子分享自己参与活动的真实感受。当在日常生活中遇到难以解决的问题时，家长也不应表现出灰心丧气的样子，而应积极主动地寻找解决办法，尽力解决问题，给孩子做出表率。

4. 积极的评价

很多孩子的不自信来自对未知结果的恐惧，如害怕失败、害怕被人嘲笑、害怕遭受批评等。小学低年级的孩子很在意他人的评价，有时别人一句不经意的负面评价，会让孩子伤心很久。对于这种情况，家长应该引导孩子客观地面对失败和批评，使孩子明白成功固然重要，但从失败中汲取经验更加重要；对于他人的嘲笑，家长应该让孩子明白，嘲笑他人本身就是一种不礼貌也不道德的行为，嘲笑他人的人是想通过嘲笑这种方式掩饰自己的自卑和无知，这样的人没有必要理睬。当孩子在内心建立起客观的评价标准后，便不会轻易地被外界的声音所干扰。

自信是一个人获得成功和面对挫折的巨大力量，希望每个家长都能成为孩子自信的源泉，做孩子成长道路上最坚强的后盾。

第六节　养成积极表达的习惯

沟通在人际关系中具有重要作用。有效的沟通能促使人与人之间建立良好的人际关系。孩子和家长、老师、同学沟通时，想达到良好的沟通效果，必须学会恰当地表达自己的情绪、态度、观点等。

很多小学低年级孩子并没有习得正确的沟通方式，不会积极地表达自己的情感和需求，而是用哭闹、打人、摔东西等方式表达自己的情绪；还有一些孩子因缺乏足够的安全感，就会通过哭闹等方式引起家长的关注。这些孩子，其行为的最终目的都是想满足自己在物质或情感方面的需求，但因沟通方式不对而期待落空。

没有人理解我

亮亮生活在二孩家庭，他和妹妹的年龄相差两岁。

这天，上小学一年级的妹妹正一边唱着歌，一边蹲在院子里玩沙子。亮亮气呼呼地从屋子里跑过来，一把将妹妹推倒在地上。妹妹吓得哭起来。在一旁干活的爸爸见亮亮欺负妹妹，立马走过来，抬起脚重重地踢在亮亮的屁股上。

“为什么你们总是偏向她!”亮亮觉得自己很委屈，便抹着眼泪跑回卧室，重重地把门关上。

亮亮越想越伤心。他觉得，自从有了妹妹，爸爸妈妈对他的爱就变少了。买零食要首先征求妹妹的意见，出去玩要等妹妹睡醒了才出发，无论做什么事，爸爸妈妈都只关注妹妹的需求而忽视他的感受。就在刚才，亮亮做作业时遇到了一道难题，他百思不得其解，妹妹却在边唱边玩。亮亮越听越生气，自己写作业的时候，爸爸妈妈为什么不能让妹妹安静一点儿呢？亮亮忍不住冲出房间，把妹妹推倒在地。谁知，爸爸非但没有喝令妹妹停止唱歌，还狠狠地踢了他一脚。亮亮越想越委屈，愤怒地把书本胡乱扔了一地。

“你是哥哥，就不能让着你妹妹吗？还敢摔东西，看我不打烂你的屁股！”爸爸吓唬亮亮。

“打呀，你来打呀！反正你们只喜欢她，不喜欢我。没有人理解我……”亮亮越说越委屈，越委屈哭声越大。家里，亮亮和妹妹两个人的哭声不绝于耳，亮亮爸爸也不知如何是好了。

在受到妹妹歌声的打扰时，故事中的亮亮没有用平和的语言积极地与家长和妹妹进行沟通，而是采用将妹妹推倒这种极端的方式发泄自己的情绪。爸爸不理智的行为又让亮亮爆发出压抑已久的不满情绪，整个家顿时乱作一团。

亮亮的这种行为可能与三个方面因素有关：

1. 亮亮不善于表达自己的需求

亮亮在受到干扰时，没能用语言准确地表达出要妹妹停止唱歌的需求。这是因为孩子还无法像成人一样，控制自己的情绪，选择合适的沟通方式。

2. 爸爸不理智的行为示范

亮亮的爸爸在发现问题后，并没有询问事情的原委，而是武断地踢了亮亮一脚，这为亮亮树立了负面的“榜样”。在这种家庭氛围下，亮亮很难学会积极地与人沟通。

3. 缺少安全感

在很多二孩家庭中，家长都会把更多的关注点放在年龄较小的孩子身上，这会使年龄大的孩子误以为自己被有意地冷落和忽视，变得敏感，缺少安全感。

教子有方小课堂

家长可从以下四个方面帮助孩子养成积极表达的习惯：

1. 家长要学会询问和倾听

当孩子爆发激烈情绪时，家长要给孩子表达需求和观点的机会，即便觉得孩子的观点很幼稚，家长也不能嘲笑孩子，更不能中途打断孩子，要认真地倾听，并在孩子表达的过程中使用点头、回应、鼓励、询问等方式支持其表达出内心的真实想法，同时，家长应表达出自己对孩子情绪的关注，表达出对孩子的理解。如果孩子的需求或观点不应得到支持，家长也不应言辞激烈地予以否定，而应引导孩子对问题形成合理的认识。

2. 让孩子了解有效的沟通方式

家长要让孩子知道，哭闹、打人、骂人、摔东西等是很不理智且没有效果的沟通方式。当孩子用哭闹、打人、骂人、摔东西等方式表达情绪时，家长切忌以暴制暴，要等孩子情绪稳定之后再对其进行教育。哭闹是孩子与生俱来的技能，但打人、骂人、摔东西等简单粗暴的表达方式，则往往是孩子们从大人处习得的。因此，在日常生活中，家长应意识到自己的言谈举止会给孩子带来深刻影响，应时刻注意控制自己的情绪，用更理性的方式与人沟通，如在家人心情低落时送上一杯热茶，用温暖的话语给予安慰；在自己感到疲惫时，告诉家人自己想静静地睡一觉；在孩子犯了错误时，听他说清事情的来龙去脉，和孩子一起思考应对策略……做一个值得孩子学习、能为孩子的成长输送养分的优秀家长。

3. 教孩子用明确的语言表达自己的需求

有些孩子在学校里与同学发生冲突时会哭，在受到老师的批评后会哭，在自己犯了错误后还是会哭，他们知道哭不能解决问题，但是除了哭之外，他们完全不知道该说些什么，做些什么，来应对自己所面临的局面。因此，家长一定要教会孩子使用明确的语言表达自己的需求。

（1）被人欺负时，要明确地表达出让对方停止相应行为的态度，并向能解决问题的人说出事情的原委。如："你不可以打我！你应该放下手中的石头！""如果你弄坏了我的衣服，我会让你妈妈赔给我！""老师，我在操场上玩的时候，丁丁用石头打我，我很疼。"

（2）需要帮助时，要明确地表达出请求帮忙的意愿。如："我的铅笔断了，能把你的铅笔借给我吗？""老师，我的肚子疼，您能给我妈妈打个电话，让妈妈来接我吗？"

（3）其他情况，也要学会相应的表达。如："你的水彩笔把我的裙子弄脏了，赶快拿开。""您批评得对，我以后一定改正。""谢谢你帮我把掉在地上的橡皮捡起来。""收音机声音太大，打扰我学习，请把声音调低。”“抱歉。我要先回家写作业，不能和你一起去公园玩了。”“我只带了一支铅笔，你可以去找别人借。”

4. 制定家庭表达规则

在要求孩子积极表达的同时，家长更要以身作则，为孩子进行良好的示范。家长可以带领孩子共同制定家庭表达规则，互相监督，营造积极平等、友善良好的家庭表达氛围。当面临需要与其他人沟通的情境时，家长可以征求孩子的意见，问问孩子如何表达更恰当，这样会使孩子积累更多的经验，收获更多的表达技能。

第三章　家庭安全教育

小学低年级的孩子为了显示自己的本领，已经有独立自主、勇敢探索未知世界的意愿了。

他们有时候会学着大人的样子尝试着自己做家务，有时候会从家长的视线中消失，挑战一些看起来很酷但有些危险的动作……

然而，对于危险，他们的认识并不深刻，需要大人的监督和指导。这正体现了家庭安全教育的重要性。

本章将从“家庭用火安全”“家庭食品安全”“游戏安全”“孩子独自一人时的安全”“家庭宠物伤害预防”“学会求助”等方面，为家长对孩子进行家庭安全教育提供帮助。

第一节　家庭用火安全

全国商业消防与安全协会发布的一份全国火灾统计数据显示：我国居民住宅火灾防控形势严峻。2020 年共发生居民住宅火灾 10.9 万起，占火灾总数的 43.4%；居民住宅火灾中丧生的 917 人中，18 岁以下的未成年人有 156 人，占总人数的 17%。这一串真实的数据向我们敲响了警钟：注意家庭用火安全，刻不容缓！消除家庭用火隐患，教育孩子养成家庭用火安全意识、掌握在火灾中求助和逃生的技能应成为家庭教育的重要内容。

小蚊香惹出大祸

最近，琪琪家里总有蚊子出没。每天晚上熄灯之后，蚊子都在琪琪身边嗡嗡地叫，吵得琪琪睡不着觉。

这天傍晚，为了驱赶蚊子，琪琪妈妈在家里点起了蚊香。

琪琪觉得蚊香的味道太大，而且不好闻，便把蚊香放到飘窗的窗台上。“把蚊香放到这里，不仅能有效驱赶蚊子，而且难闻的味道可以从窗户飘到外面去，真是一举两得。一会儿和妈妈散步回来，就可以睡个安稳觉了。”琪琪越想越得意。

琪琪和妈妈散完步，回到家里时，却被眼前的景象惊呆：蚊香上方的窗帘已经被烧焦了，屋子里满是浓烟——小小的蚊香居然把飘窗上的小窗帘点燃了！如果被点燃的是床上的被褥，那后果不堪设想。

很多家长都能做到不让孩子玩蜡烛、打火机、火柴等，却往往忘记提醒孩子牢记使用其他易带来火灾隐患的家庭用品的安全注意事项。蚊香就是易带来火灾隐患的家庭用品之一。

点燃的蚊香能持续燃烧而不熄灭，存在着不小的安全隐患。普通蚊香在燃烧状态下，极易烤燃其周围的蚊帐、棉布、纸张等燃点较低的可燃物，引发火灾。

教子有方小课堂

家长可从以下四个方面培养孩子的家庭用火安全意识：

1. 培养孩子远离家中火灾隐患的意识

火灾的发生伴有偶然性，人们的疏忽大意是引发家庭火灾的主要原因。低年级的孩子对世间万物充满了好奇心，总想用摸一摸、玩一玩的方式探索各种未知事物的奥秘。家长应尽早培养孩子远离家中火灾隐患的意识，防患于未然。

第一，应让孩子对火存有敬畏之心，让孩子明白火柴、打火机、蜡烛等是生火或照明的工具，不能当成玩具来玩；第二，要让孩子知道天然气等是具备烹饪技术的成年人才能使用的，如果孩子想练习厨艺，应该在有大人陪同的情况下进行，并且要按照正确的方法进行操作；第三，要让孩子知道，除了火柴、打火机、蜡烛等可以引发火灾，汽油、气雾杀虫剂、指甲油、染发剂、花露水、酒精等生活中常见的物品也是易燃易爆物品，也容易引发火灾，应充分阅读这些物品的使用说明书后再使用。

2. 教会孩子避免家庭物品着火的常识

（1）保持安全距离

故事中的蚊香属于容易带来火灾隐患的家庭用品。在使用蚊香时，应把蚊香固定在专用的、不易被引燃的置物设施上，并与窗帘、蚊帐、床单、衣服、纸张等易燃物保持20厘米以上的距离，以防其被蚊香烤燃，并做到人走蚊香灭。

（2）避免有风直吹

在家中使用蚊香、蜡烛等带有明火的物品时，应避免电风扇或空调直吹火源，防止吹落的火星点燃室内的易燃物品。

（3）清理消防安全通道

建筑物中的消防安全通道是火灾发生时人们使用的逃生通道，应保持消防安全通道、消防门畅通无阻。在日常生活中，很多人习惯将消防安全通道当成家里的储物间，在消防安全通道内堆放废纸、塑料瓶等生活垃圾。一旦发生火灾，这些生活垃圾不仅易燃，而且容易阻塞消防安全通道，是严重的安全隐患。如果发现消防安全通道附近堆有杂物或消防门被无故锁上，应及时通知管理人员进行处理。

（4）关注使用说明

在使用气雾杀虫剂、指甲油、染发剂、花露水、酒精等生活中常见的易燃易爆物品之前，必须关注并学习这些物品的使用说明书中的注意事项，严格按照注意事项中的要求进行操作，这样才能避免危险。

3. 让孩子了解家庭环境中的灭火技巧

（1）引发原因不同的火，其灭法不同

一般物品燃烧时，可以直接用水灭火，但并非所有火都能用水来灭。

汽油着火不能用水灭。汽油的密度比水小，用水去灭燃烧的汽油时，密度大的水往下沉，密度小的汽油会往上浮并且继续燃烧，这样，火会随着水的流动向四周蔓延，甚至引燃附近的其他易燃物品。正确的做法是使用泡沫灭火器或二氧化碳灭火器等专业灭火工具灭火。

油锅起火不能用水灭。油锅起火时，如果用水灭火，很容易发生“炸锅”，使火星向四处飞溅。正确的做法是将冷菜沿着锅边迅速倒入锅内，锅内温度降低，火就自动熄灭了。快速使用锅盖或者能遮住油锅的大块湿布把起火的油锅盖住，隔绝火与空气的接触，也是油锅起火时很好的应对方法。

电器起火不能用水灭。电器起火时，应在第一时间切断电源，即使无法断电也不能用水或泡沫灭火器灭火，因为水和泡沫是能导电的，容易引发触电事故。可以站在与电器和电线两米以外距离的地方，使用二氧化碳灭火器、干粉灭火器灭火，或者直接用干燥的沙土进行灭火。

（2）燃烧程度不同的火，应对方法不同

家长在提醒孩子注意家庭用火安全的同时，还应该让孩子知道在火灾发生的时候应该采取怎样的行动。

零星小火灭掉它。如果只是日常生活中常见的可能引发火灾的零星小火，如烟头，小学低年级的孩子是可以在保证个人安全的情况下将其灭掉的。

火苗形成找人帮。如果已经形成火苗，随时都可能引发更大的火势，小学低年级的孩子应对起来是有危险的，此时应该学会向家长、邻居、消防部门求助。

大火浓烟赶快逃。如果火势已大，或者产生了大量的浓烟，要及时逃离现场，保护生命安全最为重要。

4. 教孩子学会火灾中逃生的注意事项

（1）做好防护措施

在火灾中逃生，最应注意掩护好口鼻，以免浓烟侵入口腔和鼻腔，引发生命危险。可用清水将毛巾等一切干净卫生的织物浸湿，掩盖在口鼻上，防止浓烟侵入口腔和鼻腔。因为浓烟会浮在空气上方，所以，在逃跑的过程中弯腰前行，有助于减少浓烟吸入。

（2）选择安全通道

火灾发生的时候，楼梯、消防通道、安全出口等是最重要的逃生通道。逃生时，不要选择乘坐电梯，以免电梯断电时被困在电梯内错过逃生机会。

（3）不做冲动选择

在火势较大时，一定要保持镇定，在没有逃生绳索等防护设备保护的情况下，切不可冲动地选择从高楼跳下逃生。如果火灾现场有人组织逃生，应服从指挥，有序逃离现场。

第二节　家庭食品安全

食品安全的重要性不言而喻。我们常能听到“民以食为天”的说法。如果食品安全得不到有效保障，很容易引发食源性疾病，危害人们的健康和生命安全。

食源性疾病是指食品中的致病因素进入人体引起的感染性、中毒性等疾病。按致病因素分类，食源性疾病可分为化学性质的（农药、亚硝酸盐等）、生物性质的（细菌、病毒等）、有毒动植物性质的（霉变甘蔗、河豚等）。

食源性疾病时刻威胁着人们的健康和生命安全。日常生活中，家长应引导孩子关注家庭食品安全，避免病从口入。

一盘有毒的土豆丝

这天晚上，豆豆爸爸做了全家人都爱吃的红烧排骨和凉拌土豆丝。一家人吃得可开心了。

可是，刚吃过晚饭没多久，豆豆一家三口就纷纷开始出现腹痛、呕吐、腹泻的症状。

医生经过检查后诊断，豆豆一家三口是因为食用了使用发芽土豆制作的凉拌土豆丝而引发了食物中毒。导致他们中毒的正是土豆中的致毒物质——龙葵素。

龙葵素是一种特别顽强的有毒物质。发芽的土豆、发芽的红薯、未熟透的西红柿中都含有大量的龙葵素，这些食物即使通过加热的方式也无法完全去除龙葵素。

生活中因为食用龙葵素中毒的案例时有发生。避免龙葵素中毒的最佳方法就是远离含有龙葵素的食物。

除此之外，容易引发家庭食品安全问题的因素还有很多，如食品卫生不合格、食物变质、食物未熟透、药物残留等，这些均应予以重视。

教子有方小课堂

避免家庭中的食品安全问题要做到以下几点：

1. 注意食品的卫生安全

（1）购买环节。要到正规超市或市场购买食品，避免购买路边摊上不卫生的食品。

（2）加工环节。加工和食用食物前，一定要充分洗手；加工生、熟食品的用具例如刀具、砧板等，应该分开使用；水果和蔬菜在食用前要认真清洗。

（3）食用环节。肉类和海产品要完全煮熟后才能食用。除了食材本身有可能带来食品安全问题外，餐具是否清洁也决定了人们吃得是否干净、安全，所以，要注意在餐前、餐后将餐具清洗干净，在条件允许的情况下，可以定期对餐具进行杀菌消毒。

2. 注意食品的食用期限

食品是有食用期限的，应注意食品的生产日期、保质期、储存条件。购买时尽量按需购买，不囤积食物；尽量少买临期食品；选择低温、干燥、通风的环境储存食物，避免食物被阳光直射；发霉或腐烂的食物要及时处理掉，绝不可冲洗或去除霉变部分后继续食用其他部位。

3. 了解容易引发食品安全问题的常见情况

有些食物在特殊情况下会产生有毒物质（见下表），食用前应提高警惕，避免因误食引发危险。

食物信息	主要问题	注意事项
青皮或发芽的土豆	含龙葵素	避免食用
发芽的红薯	含龙葵素	避免食用
未熟透的西红柿	含龙葵素	避免食用
未熟透的豆角	含血细胞凝集素 + 皂苷	做熟再吃
发泡 6 小时以上的木耳	含黄曲霉毒素 + 青霉毒素	避免食用
鲜金针菇	含有秋水仙碱	避免食用
毒蘑菇	含毒肽、毒伞肽等	避免食用
未煮熟的豆浆	含皂素	避免饮用
生水	含寄生虫	避免饮用

第三节　游戏安全

爱玩是孩子的天性。游戏在孩子成长过程中占有举足轻重的地位，孩子不仅能从游戏中学习知识，收获快乐，还能学会如何与人交往。但是，由于小学低年级孩子的安全意识和自我保护能力有限，对危险的认识不充分，往往会在游戏中遇到一些危险。所以，家长一定要就如何选择安全的游戏场所、如何安全地使用游戏道具、如何避免在游戏中发生意外等问题对孩子进行安全教育，在最大程度上避免孩子在游戏中遇到危险。

两位“大侠”请住手

这天，嘟嘟妈妈下楼买菜时，留在家里的嘟嘟和他的好朋友淘淘分别自诩“嘟嘟大侠”“淘淘大侠”，玩起了双人对战游戏。

只见嘟嘟拿起扫把当长矛，淘淘把雨伞当成利剑，两个人从客厅打到卧室，从床上跳到书桌上，从书房跑到厨房，玩得不亦乐乎。嘟嘟妈妈刚走进楼道，就听见嘟嘟和淘淘在三楼打闹的声音。

嘟嘟妈妈打开房门，只见屋子里乱作一团。墙上固定壁画的钉子掉了一颗，壁画晃晃悠悠地挂在墙上；餐桌旁的椅子东倒西歪；茶几上的棉签盒掉在地上，棉签散落一地……哎呀！不好！淘淘脚下一滑，一屁股坐在了地板上。嘟嘟被淘淘撞得重心不稳，马上也要摔倒，他手里的扫把马上就要戳到淘淘的脸了。

“两位‘大侠’请住手！”嘟嘟妈妈见状连忙放下手里刚买回来的蔬菜，伸手拉住嘟嘟手里的扫把，这才避免戳到淘淘。

嘟嘟妈妈被吓出了一身冷汗，见淘淘从地上爬起来，才松了一口气说：“还好只是虚惊一场。如果扫把戳伤淘淘的眼睛，可就太危险了！”

小孩子天生喜欢模仿。男孩子喜欢模仿勇敢的大侠，女孩子喜欢模仿优雅的公主。

故事中嘟嘟和淘淘使用家里的扫把和雨伞作为武器，模仿“大侠”玩对战游戏。该游戏本身并不存在安全问题，但两个孩子选择使用的道具和狭小复杂的活动空间可能会给他们带来危险，如雨伞和扫把可能戳伤彼此的眼睛等。这些潜在的危险，孩子们很难意识到。

在要求两个孩子终止游戏时，嘟嘟妈妈并没有生硬、强势地发号施令，而是将两个孩子称为“大侠”，这样的称呼既尊重了孩子们的天性，也表达出对孩子们的理解和关爱，能使两个孩子更乐于接纳她的建议。

教子有方小课堂

把好孩子的游戏安全关，要做到：

1. 把好游戏内容安全关

（1）家长应该告诉孩子在游戏中不能模仿危险的动作。有一些危险动作虽然看起来很酷，但其本身的危险系数是相当大的，如电视剧或动画片中的飞行、从高处向下跳跃等。家长应该让孩子分清现实生活与影视剧作品的区别，了解艺术创作中的特殊动作是通过特殊手段实现的，是不能够模仿的。

（2）家长应该提醒孩子谨慎参与网红游戏。随着网络技术的日益发达，人们更容易接触到形式新奇、惊险刺激的网红游戏，但是这些游戏的安全标准并不明确，加上有些商家以博人眼球、刺激消费为目标，并未关注游戏安全问题，这使某些网红游戏的安全问题得不到有效保障。小学低年级孩子好奇心强，很容易被网红游戏吸引。家长需要提醒孩子远离这些网红游戏。

（3）家长应该叮嘱孩子注意安全防护措施。有些游戏要在安全防护措施得当的情况下才能开展，如叠罗汉、跳山羊、空翻等。家长要提醒孩子不能在保护措施不充分的情况下玩这类游戏。

2. 把好玩具选择安全关

孩子们经常玩的玩具，如卡片、弹珠、水枪等，这些都是相对安全的玩具。但有些孩子喜欢在游戏中和伙伴们玩剪刀、仿真枪、弹弓、弓箭、石头、棍棒等容易引发危险的玩具。家长应适当引导孩子选择安全的玩具，提醒孩子在游戏中注意保护自己并避免伤害他人。另外，有一些儿童玩具的质量并不过关，甚至制作玩具所用的材质中含有有毒物质。家长应引导孩子谨慎筛选玩具，拒绝购买“三无”玩具。

3. 把好游戏场所安全关

对于孩子而言，游戏场所无处不在。家长应提醒孩子注意：在家里玩游戏时，避开厨房、阳台、窗台等容易发生危险的地方，不接触热水器、燃气灶等带火或带电的设施设备；在小区内或公园里玩游戏时要选择路面平坦、视野开阔的地方，远离湖泊、水上凉亭等容易发生溺水危险的场所，并尽量在家长的视线范围之内活动；

停车场、马路边不能作为游戏场所；天气恶劣时应在室内进行游戏，避免因极端恶劣天气受到伤害；在冰面、刚下完雨的地面等湿滑场所玩游戏时，应注意防滑并避开锋利、坚硬的物体，不能采用双手插兜的方式行走。

4. 把好游戏秩序安全关

孩子在参与集体性游戏项目时，家长应提醒孩子注意活动秩序，有序参与游戏。如告诉孩子：在玩滑梯时要从带有楼梯的一侧上滑梯，从带有滑梯的一侧下滑梯，不能倒爬滑梯，以免与其他小朋友发生碰撞，造成危险；在玩秋千时，坐在秋千上的人应双手握住秋千吊绳，以免从秋千上滑落下来。当别人在荡秋千时，应尽量与其保持安全距离并学会躲闪荡起的秋千，以免被荡起的秋千撞到。

游戏虽然是孩子们的快乐源泉，但不恰当的游戏内容、游戏场所、游戏方式，及安全防护措施的缺失，会对孩子们的安全产生严重威胁。家长在教育孩子注意游戏安全问题时，除了采取说教的方式，还可引导孩子从发生在同龄人或身边人身上的事例中吸取教训。

第四节　孩子独自一人时的安全

“人之初，性本善。”孩子的内心往往是单纯而美好的，同时，小学低年级孩子辨析能力有限，他们往往不会自发地去分析他人行为的善恶，更不会主动防范可能来自他人的危险。当孩子身边没有大人时，犯罪分子往往会将魔爪伸向弱小的孩子。作为家长，应该提高警惕：如果不得已要让孩子独处时，一定要提前对孩子进行安全教育，以增强孩子的自我保护意识，谨防坏人乘虚而入。

独自在家不开门

奶奶生病住院，爸爸妈妈既要上班又要轮流去医院护理，只能把苗苗一个人留在家里。

苗苗吃完妈妈事先准备好的面包，便开始写作业。临近中午时，有人敲苗苗家的门，那人说："我是送外卖的。你妈妈怕你一个人在家吃不好饭，给你点了外卖。麻烦你开一下门。"

苗苗已经吃了两天面包了，听到"外卖"两个字，口水都要流下来了。"可是，妈妈分明准备了三天的面包，为什么突然点了外卖，又没事先告诉我呢?"苗苗心想。她又想起妈妈临走前的叮嘱，"爸爸妈妈都带了钥匙，我们回家时会自己开门。我们不在家时，千万不能给其他人开门。"

苗苗灵机一动，说："叔叔，请把外卖放在门口吧，我妈妈正在往回走，马上就要到家了。"苗苗说完，偷偷地把耳朵贴在门上，她听到门外的人匆忙离开的脚步声。

听到脚步声越来越远，苗苗连忙跑回卧室，打通妈妈的电话，说清事情的经过。

原来，苗苗妈妈并没有给苗苗点外卖，也没告诉过任何人苗苗是一个人在家。“外卖员”怎么能知道苗苗是一个人在家呢？苗苗妈妈越想越害怕，她连忙赶回家，从物业公司调取了小区的监控录像并报警。

善良的人与人为善，眼中的人和世界也是善良的，善良的人永远只能想象到好人有多好，却永远想不到坏人能有多坏。孩子的心地是最纯洁善良的，他们眼中的世界是人人都是好人的世界，但这改变不了坏人存在的事实。一些坏人往往戴着伪善的面具，或者冒充生活中常见的劳动者。故事中的假外卖员便是如此。

这个故事中，因为苗苗妈妈事先对孩子进行了安全教育，所以苗苗没有落入坏人的圈套，而是机智地以“妈妈马上就要到家了”为由，拒绝了坏人的要求并吓走坏人。试想，如果苗苗没有安全意识，而是按照坏人的要求打开房门，使坏人有进入屋内的机会，那么，后果不堪设想。事后，苗苗妈妈调取小区监控录像并报警，这也是比较明智的处理方式。

教子有方小课堂

留孩子独自一人时，家长应同孩子约定好回家或会合的时间范围，并叮嘱孩子注意日常用火、用电、用气、饮食、游戏等方面的安全，尤其要叮嘱孩子加强对坏人的防范，使孩子拥有以下“三板斧”。

1. 第一板斧：强化防范坏人的意识

家长应教育孩子具有防范坏人的意识，告诉孩子面对陌生人接近自己时先暗自问几个“为什么”：为什么他要向我问路？为什么他要送我礼物？为什么他不找其他人帮忙？心地善良的孩子往往想不到，有些陌生人专门找小朋友而不是去找大人或警察帮忙，正是因为他们对小孩子有所企图。这些提问能帮助孩子有效地厘清坏人的做事逻辑，意识到危险的存在，从而不轻易相信陌生人，不接受陌生人赠送的礼物、食物。

2. 第二板斧：识别坏人的伎俩

（1）识别坏人利用孩子乐于助人心理的伎俩。有些犯罪分子可能利用孩子乐于助人的心理，以“借东西”“问路”等借口使孩子放松警惕，进而伤害、诱拐孩子。应该让孩子知道，大人的办法要比孩子多、能力要比孩子强，正常情况下，如果大人真的遇到问题并希望解决问题，会找大人或警察帮忙，而不是向小孩子求助。如果孩子遇到这种求助者，要避免与其单独相处，不要独自帮助陌生人。

（2）识别坏人冒充社会劳动者身份的伎俩。犯罪分子往往会冒充水管维修工、水表查验员、外卖员、物业管理人员、警察等身份，以开展工作为借口，企图让独自在家的孩子打开房门，入室犯罪。应该告诉孩子，凡是以上人员所要开展的工作，都需要大人的配合，孩子独自在家时，不要让任何陌生人上门。

（3）识别坏人表达虚假“好意”的伎俩。有些犯罪分子会声称自己是孩子家长的朋友，以向家长送礼物、帮家长买东西等为由，企图用礼物、玩具、美食等诱惑孩子打开房门。应该让孩子知道，大人间的礼尚往来，大人会处理好，不会让孩子与他人接洽。当孩子独自在家时，即便是邻居到访，也不能开门。

3. 第三板斧：应对坏人的方法

（1）不放“他们”进来。可以引导孩子将身边的人分为两类：一类是“我们”，主要是安全可靠的亲人；另外一类是“他们”，主要是平时不常接触的人或没有接触过的陌生人。告诉孩子，凡是独自在家时，一律将房门锁紧，不放“他们”进来。

（2）呼叫大人帮忙。孩子独自一人时，千万不要接受“他们”赠送的饮料、糖果等，也不能把家里的指纹锁密码、家庭成员信息等透露给“他们”，如果遭到“他们”的拉扯、拖拽等，要大声呼救，引起大人的注意，并趁机向小区的保安、熟悉的邻居求助。

（3）拨打电话求救。如果独自在家时，发现有人撬动门锁，应首先大声呼喊“爸爸”“叔叔”“舅舅”等，并说“有人开门，是不是爸爸 / 叔叔 / 舅舅回来了”（尽量使用男性亲属称谓），争取吓退坏人，同时赶快拨打家人、物业和可靠的邻居的电话求救。

第五节　家庭宠物伤害预防

动物是人类的朋友。饲养小动物能使孩子获得更多的成就感，收获更多愉悦的体验。但是，饲养宠物也会使孩子感染疾病，甚至被动物伤害。有一份数据显示，我国每年有1000多万人因为被狗、猫、鼠等动物抓伤或咬伤而注射狂犬疫苗。而根据防疫专家的估计，我国每2～3个被狗、猫、鼠等动物抓伤或咬伤的人中只有一人会选择注射狂犬疫苗，也就是说，实际被狗、猫、鼠等动物抓伤或咬伤者的数量要更多。因此，家长应该引导孩子合理选择宠物，安全饲养宠物，避免孩子因宠物而受到伤害。

“汤圆”和狂犬疫苗

齐齐家养了一只漂亮的狸花猫，名字叫“汤圆”。

齐齐很喜欢汤圆，每天放学后，她都要先和汤圆玩一会儿再去写作业。齐齐还负责每天给汤圆喂猫粮、清理粪便，齐齐对这些事情乐此不疲。可是，最近汤圆的脾气变得很坏，每次齐齐和它玩，它总会呜呜地叫，既不让摸，也不让抱，有时候还会竖起身上的毛和尾巴示威。

这天，齐齐又来找汤圆玩。谁知，齐齐刚把手放在汤圆的肚子上，汤圆就发出呜呜的声音示威，齐齐想：汤圆一定是不喜欢别人摸它的肚子，便把手放在汤圆的头上。谁知，汤圆竟然快速地伸出锋利的爪子，在齐齐的手背上留下了两条深深的血印。齐齐只觉得手上火辣辣地疼，哭着不敢动弹。

齐齐妈妈闻声赶来，连忙用肥皂水帮齐齐清洗伤口，并把齐齐带到防疫站，注射了血清蛋白和狂犬疫苗。

大多数孩子都有饲养宠物的愿望。上面的故事中，齐齐每天放学之后都会和汤圆玩耍，这可看出饲养宠物确实给齐齐带来了快乐。

但是，家长需要提醒孩子在与宠物相处的过程中，应防范被传染疾病、被伤害等风险。家长可以通过摆事实、讲道理等方式向孩子说明饲养小动物时可能存在的危险，并教导孩子牢记与宠物安全相处的注意事项，掌握一些简单的伤后应急处理方法。

教子有方小课堂

饲养宠物时，注意事项如下：

1. 选择合适的宠物进行饲养

当下，人们饲养的宠物种类已不再局限于鸟、狗、猫、兔等传统动物，有些人甚至饲养土拨鼠、香猪、蜥蜴、蛇等动物。但是，这些动物多数没有进行过相关免疫，也没被纳入疫病监测管理体系。从保障小学低年级孩子健康的角度出发，应避免饲养这些特殊的动物，最好选择饲养金鱼、乌龟、寄居蟹等体型较小且不易伤人的常见动物。

2. 用安全、友好的方式与宠物相处

在与宠物相处的过程中，应与宠物保持安全的距离。在缺少保护措施的情况下，避免用身体直接接触宠物，触摸宠物后应及时洗手，防止细菌传染。不要用捏、掐、抓、拽等方式接触宠物，不能

用大声吆喝、恐吓、追打等方式对待甚至虐待宠物，要知道“兔子急了也咬人”，无论平时多么温顺的宠物，在受到过度惊吓时，都有可能做出攻击行为。

3. 了解宠物的脾气秉性

一般情况下，宠物是比较温顺的，但在特殊时期或面对陌生人的时候，宠物会表现得比较紧张，甚至产生攻击行为。让孩子了解猫、狗等动物的脾气秉性，可以降低被其伤害的可能性。如：猫、狗在发情期、繁殖期往往会表现得比较暴躁，在进食过程中或受到惊吓后更容易发脾气，应避免在猫、狗发情期或繁殖期触碰其身体，避免在其进食过程中或受到惊吓后与其玩耍。

4. 掌握常用应急处理方法

生活中比较常见的宠物伤人案例多为被猫、狗、鼠类动物抓伤或咬伤，若遇到这种情况，应及时用肥皂水清洗伤口，并在 24 小时内注射狂犬疫苗。

5. 科学地饲养宠物

在确定饲养某种宠物之前，可以通过阅读书籍、上网查阅资料等方式了解饲养该宠物的注意事项，并准备好宠物所需的必备物品。饲养宠物时，应保证宠物生活环境的卫生清洁，并按时消毒；根据宠物生长所需定时投喂食物和水；按要求办理饲养手续，并根据要求为宠物注射疫苗。

6. 讲究公德，避免影响他人

虽然大多数宠物是温顺、可爱的，但不同人对宠物有不同的看法，也许我们眼中的可爱的宠物在别人眼里却是凶猛危险的庞然大物。所以，当我们把宠物带到公共场所时，要注意避免宠物触碰、惊吓到其他人（将狗带到室外时，必须按照规定拴好狗绳并给狗戴好嘴套），这是对他人的尊重，也是对宠物的保护。当宠物在公共场所排便后，要及时将宠物的粪便清扫干净，扔进垃圾桶或下水道，以免污染公共环境卫生。

第六节　学会求助

小学低年级孩子身体小、力气小，社会经验不足，应变能力有限，缺乏自救能力，在遇到紧急或危险情况时，往往会表现得不知所措。所以，让小学低年级孩子在遇到危险的时候学会求助，是非常重要的。

远亲不如近邻

一年级的嘟嘟一个人在家里写作业。

突然，厨房里冒出一股浓烟——妈妈出门前没有关闭燃气灶阀门，煮在锅里的菜烧焦了，更糟糕的是，妈妈放在灶台上的抹布被燃气灶上的火烤燃了。

这可怎么办？嘟嘟没有手机，联系不到家人，又不敢冲进厨房灭火，这时，他想到了邻居张阿姨。“对！去找张阿姨帮忙！”想到这里，嘟嘟一边大喊“快来救火呀”，一边去敲对门张阿姨家的房门。

张阿姨听到嘟嘟的敲门声，赶快跑来帮忙。楼道里的邻居听到嘟嘟的喊声，也纷纷赶来帮助灭火。一会儿，厨房里的火便被成功灭掉，张阿姨和邻居们都夸嘟嘟在关键时刻懂得求助，是个机灵的孩子。

嘟嘟妈妈从外面回来，看到家里的情景，对大家的帮助表示感谢，并感叹道：“真是远亲不如近邻！”

当家长因为临时有事，需要短暂把孩子留在家里时，往往会忽略可能发生的危险，比如正在工作中的燃气灶可能引发火灾，正在旋转的电风扇可能倒下来砸到孩子的头等。家长不能预知所有的危险，因此，培养孩子随机应变的能力，教孩子学会冷静地应对意外事故就显得十分重要。

面对突然发生的火灾，故事中嘟嘟的做法有几点值得表扬：

1. 不贸然地采取行动。如果嘟嘟发现着火后贸然地去灭火，很可能因为方法不当而受伤，或引发更大的火灾，使自己陷于更大的危险。对于一个小学低年级孩子而言，在当时情况下，只有逃离现场，向大人求助才是最安全的。

2. 能够运用就近原则。在无法通过电话联系到家长的情况下，嘟嘟使用就近原则向张阿姨求助，无疑是最快速、最有效的办法。

3. 大声呼喊，广泛求助。即便嘟嘟敲门时张阿姨不在家，嘟嘟大声呼喊的声音也会传到其他邻居的耳中，这相当于将求助范围扩大，获得的帮助也会更多。

教子有方小课堂

作为家长，不仅要对孩子进行多方面的保护，还要逐步培养孩子应对复杂情况的能力，让孩子知道在遇到紧急情况时可以向谁求助、采用什么方法求助。

1. 告诉孩子可以向邻居求助

常言道，远亲不如近邻。家长应该让孩子知道，在紧急的情况下，可以第一时间向邻居求助，以便在最短时间内快速获得救援。

2. 告诉孩子可以向警察求助

应该让孩子知道，在能够拨打电话报警时，可以首先报警向警察求助，然后在等待出警的过程中向邻居和身边的人求助。家长要让孩子记住通用报警电话号码 110、火灾报警电话号码 119、医疗救护报警电话号码 120、交通事故报警电话号码 122 等。

3. 告诉孩子可以到应急避难场所求助

应该让孩子知道，在发生重大灾害，无法获得邻居和警察的及时帮助时，可以到应急避难场所求助。让孩子了解应急避难场所是为应对突发性自然灾害和事故灾难等，在公园、绿地、学校操场、广场、停车场、体育场等空旷场地专门设置的。让孩子知道具有应急避难生活服务设施的场所或建筑有哪些，并记住主要应急避难标志及其含义，以便及时得到救助。

4. 教会孩子在特殊情况下求助

如果在地震、洪水、迷路等特殊情况下遇险，及时向外界发出求救信号才有可能获得救援。

（1）利用声音求助

日常生活中，人们大多依靠语言进行交流，但如果身陷险境，依靠语言不足以传递求救信号或体力不足以维持长时间呼救需要时，就要通过制造其他声音，如吹响哨子、敲打金属物品等向外界持续发出“三长、两短”的求救信号。

（2）利用色彩、光求助

当被困在森林、深山、海上等地方，凭借声音不足以传递求救信号时，可以持续地挥舞颜色鲜艳的旗帜、衣服，或利用玻璃、镜子等能够反光的物体向救援人员传递信号。

生活中潜在的危险无处不在，我们希望孩子掌握这些求助方法，更希望危险永远不会降临到孩子身上。

第四章　家庭学习指导

家庭教育是学校教育的有益补充。良好的家庭教育能够与学校教育形成良性互动，促进孩子的健康成长。

有效的家庭学习指导有利于营造良好的家庭学习环境，对孩子养成良好的学习习惯、提高学习效率、培养学习能力、增进身心健康具有重要影响。

本章将从认真书写的习惯培养、认真听课的习惯培养、遵守纪律的习惯培养、按时完成作业的习惯培养、孩子的阅读兴趣培养、家庭学习环境优化等几个方面，助力家长协同学校教育，帮助孩子更好地适应小学低年级阶段的学习生活，养成良好的学习习惯。

第一节　培养认真书写的习惯

养成认真书写的习惯能帮助孩子培养认真观察、做事严谨的好品格，还有助于提高孩子的语文素养，使孩子终身受益。

有用的口诀记忆法

今年上小学一年级的丁丁遇到了一个关于书写的“难题”——

每次听写时，他总是分不清“b”和“d”、“p”和“q”。妈妈说，这是丁丁书写不认真导致的。

可是，丁丁觉得很委屈。明明自己每次写的时候已经很认真了，连本子上都留下了深深的笔痕，可是，为什么自己总是把它们写错呢？

丁丁妈妈觉得这个问题很让人头疼，便向语文老师寻求解决办法。

语文老师教给丁丁妈妈一组口诀：“左下半圆 d、d、d，右下半圆 b、b、b；左上半圆 q、q、q，右上半圆 p、p、p。伸出小手比一比，d、b、q、p 很好记。”

丁丁妈妈按照从语文老师那里学到的口诀教丁丁区分这四个声母，很快，丁丁就记住了这 4 个声母。看来，口诀记忆法真的很管用。

很多小学低年级的孩子会在书写方面遇到问题，有的是缺少笔画、有的是方向颠倒、有的是字形混淆……很多家长认为，出现这些问题，是孩子书写时不认真导致的。其实，出现这样的问题，还有其他原因。

小学低年级孩子的观察能力还在发展中，观察的精确性有待提高。有些孩子空间辨别力和视觉记忆力相对较弱，书写时会存在镜像书写、丢失笔画等问题。

这就需要家长结合孩子表现出的具体问题，有针对性地进行训练，使孩子在提高各项能力的同时，养成认真书写的好习惯。

教子有方小课堂

帮助孩子养成认真书写的好习惯，应注意以下几点：

1. 从评价入手——不轻易贴标签

如果按照成年人的书写标准来评价孩子写的字，大多数汉字写得都“不好”。使用这样的高标准来评价孩子写的字，对孩子而言是不公平的。家长更应关注孩子的书写态度。当孩子在书写中遇到问题时，切忌轻易给孩子贴上“不认真”“懒”“写字丑”等负面标签，以免使孩子产生抵触情绪，降低对书写的兴趣。

2. 从观察入手——教会书写方法

小学低年级孩子接触的基础汉字是由基本笔画、偏旁部首组成的。记住这些基本笔画和偏旁部首的名称，掌握这些基本笔画和偏旁部首的写法，是孩子写好汉字的基础和关键。在书写汉字的最初阶段，家长要让孩子稳扎稳打地学好基本笔画和偏旁部首。在孩子掌握好基本笔画和偏旁部首，并积累了简单的基础汉字后，再引导孩子从汉字的结构特点、组成部件入手观察汉字的字形，联想汉字的字义和读音，进而记住汉字的写法。如写“江”字时，可引导孩子：这是一个左边小、右边大的字，左边是“氵”，右边是“工人”的“工”；在写“宝”字时，可引导孩子：这是一个上边小、下边大的字，上边是“宀”，表示房屋，下边的“玉”表示珍贵的物品，藏在家里的珍贵物品就是“宝”。

3. 从记忆入手——巧用故事、口诀

对于结构比较复杂或没有突出的组成特点的汉字，可以用编故事、编口诀的方法帮助孩子记住字形。如“乌”“鸟”两个字是孩子们常常写错的汉字，在帮助孩子区分和记忆这两个汉字时，可用口诀引导孩子：小小汉字“乌”，加点变成“鸟”。

4. 从规矩入手——养成书写习惯

无论从观察入手书写汉字，还是从记忆入手书写汉字，都是以训练孩子的观察力、记忆力为前提，帮助孩子掌握字形、理解字义。在孩子掌握了这两种基本方法之后，家长可以让孩子试着自己观察和记忆汉字，立下“看准再写、卷面洁净”的书写规矩，培养孩子良好的书写习惯。

5. 从健康入手——注意用眼距离

孩子书写汉字的过程中，需要长时间保持固定的坐姿不变，并保持较近距离用眼，如果坐姿不端正或用眼时间过长，很容易影响孩子的骨骼发育和视力健康。家长应要求孩子书写时坐姿端正，保持适当的用眼距离，并及时提醒孩子定期站起来活动，放松眼睛。

有些家长在孩子刚上小学甚至上幼儿园时，就给孩子报课外班，练习写字。其实，对于一年级的孩子，家长可以适量地安排其进行控笔训练，以帮助孩子把汉字写得更好。但是，很多一年级的孩子手部的肌肉还没有充分发育，应避免让孩子过量地书写汉字。

第二节　培养认真听课的习惯

我们希望孩子能够认真地听家长的话、老师的话、对他的成长有益的话。但有些时候，孩子好像一直沉浸在自己的世界中，对家长期望他听的这些话充耳不闻。这是由孩子的选择性注意决定的。

选择性注意，是指在面对多种信息的某一时刻，人们总是选择其中的一部分信息作为加工或反应对象，在脑海中清晰地加工或反应，而忽略其他信息。

成人有丰富的生活经历，能较好地选择需要的信息进行加工或反应。而儿童在面对丰富的外界信息时，能做出正确判断并不容易。

明明妈妈的大嗓门

每天放学后，明明妈妈都要反复喊几遍，这样，明明才肯关掉电视机，不情愿地回到书桌前写作业；每天晚饭时，明明妈妈都要反复喊几遍，这样，明明爸爸才肯放下手机来吃饭。

这天，明明正在楼下和同学玩，明明妈妈站在楼上喊了明明好多次，明明都没有回应。明明妈妈气得从楼上跑下来，揪着明明的领子喊："喊你多少遍了，你听不见吗？是耳朵听不见还是在故意惹我生气？都三年级了，还这么不听话！你们爷俩没一个让我省心的……"

看着妈妈歇斯底里的样子，明明也很委屈，他解释说："我真的没有故意惹你生气，我刚才一直在和涛涛玩滑梯，真的没听见你叫我……"

从故事可以看出，这个家庭的成员之间是缺少有效沟通的。明明妈妈每天都在家里以"大嗓门"的方式与家人沟通，明明已经对妈妈的"大嗓门"表现出厌烦和抗拒的心理。原本充满善意和关怀的话语，却沦为明明选择性注意的背景信息，遭到忽视。当明明在楼下和同学玩时，明明妈妈既不避讳周围的人，也不顾及儿子的感受，丝毫不收敛自己暴躁的情绪，用粗暴的方式教育明明，这很可能使明明的内心受到伤害，更加抗拒妈妈传递出的信息，不爱听也不想听妈妈的话。若孩子把这种不爱听和不想听的态度带到学校里，就表现为不认真听讲，对课堂不感兴趣。

家长想让孩子在家里爱听家长的话，就要注意说话的方法，不要使孩子对家长的话产生厌烦感。此外，家长还要做到言出必行，增强孩子对自己的信任感；家长希望孩子在学校里能有好的成绩，就要引导孩子掌握听的方法，正确选择听的内容。

教子有方小课堂

家长教会孩子听的方法，有助于培养孩子认真听课的好习惯，提高听课效率。

1. 让孩子知道应该听谁说

每个班级里有几十个孩子，在老师讲课时，可能有的孩子在打瞌睡，有的孩子在伸懒腰，有的孩子在玩铅笔，有的孩子在找橡皮……这些小动作都是坐在教室里的孩子所面对的信息，而把哪种信息作为选择性注意的加工或反应信息，直接关系到孩子听课的质量。家长可以事先和孩子讲明，听课时，应以老师为主要注意对象，忽略其他背景信息。

2. 让孩子知道应该怎样听

（1）听课离不开听

听课时，要关注讲课的老师和回答问题的同学这两类主要发言人。要认真听老师讲授的知识、提出的问题；要认真听同学们在回答问题时的发言内容。

（2）听课离不开看

听课时，要注意看老师展示的挂图、出示的课件、绘制的线段或图形、书写的文字或算式等，并尽量记住这些内容。

（3）听课离不开想

听课时，要积极地动脑筋想，想老师讲授的知识、想老师提出的问题、想自己的答题思路和解题方法。

（4）听课离不开说

听课时，要抓住老师提问的机会，多开口说。无论学习文科、理科或者艺术类课程，开口说都是检验听课效果的一种方法。

（5）听课离不开记

听课时，要学会把重要知识内容记录在书本或专门的笔记本上。人们常说“好记性不如烂笔头”。把老师讲授的重点内容记录下来，不仅有利于获取复习重点，而且有利于回顾课堂内容，训练思维和记忆能力，提升学习效果。

学会听课是小学低年级孩子要攻克的难关之一。想知道孩子在学校里听课的质量如何，家长除了看孩子记的笔记、答的题，还可以问一问孩子在学校都听到了哪些知识，学会了哪些内容。但问的过程要注意技巧，要问得巧妙，不要让孩子有被审问和被考核的感觉，要让孩子有展示成果的成就感。即便家长从孩子的表达中发现孩子没有认真听课，也不要对孩子横加指责，尽量帮助孩子发现自己的优势，树立起对学习的信心。毕竟小学低年级学生还在探索学习方法的过程中。孩子若不会听课，就多教孩子听的方法；孩子若犯了错误，就引导孩子思考如何改正；孩子若遇到困难，就和孩子一起探索突破的办法。假以时日，孩子的学习信心会越来越强，学习成绩自然会越来越好。

第三节　培养遵守纪律的习惯

纪律是人们在集体生活、工作、学习中需要遵守的秩序、需要执行的命令和需要履行的职责，是群体为维护共同利益并保证生活、工作、学习正常进行而制定的，要求各个成员共同遵守的某种规则。

无论成人还是儿童，都有其需要遵守的行为规则。

小学阶段的课堂要求、《班级守则》《小学生日常行为规范》等，都是小学生应遵守的纪律。这些纪律旨在规范小学生的行为习惯，增强小学生的自我约束、自我管理能力，有利于小学生的健康成长。在学校遵守纪律的好学生，将来更容易成为遵纪守法、适应社会需要、个人发展良好的公民。

爷爷的溺爱

王爷爷对孙子盼盼特别溺爱。

盼盼上小学第一天，王爷爷生怕孙子在学校吃不好，往盼盼的书包里装了半书包零食。

谁知，还不到放学时间，班主任郝老师就打来电话："盼盼违反课堂纪律，上课时间吃零食，老师已经提醒他要遵守课堂纪律，建议家长除了按照学校的规定给孩子带水果外，不要再给孩子带其他零食……"

"孩子一定是因为肚子饿了，才会偷吃零食的。小孩子嘛，正在长身体的时候，希望老师能够理解。等孩子放学回来，我一定教育孩子不在上课的时间吃零食……"挂断电话，王爷爷转过身来对盼盼奶奶抱怨，"小孩子正长身体的时候，居然不让孩子吃东西，这是什么破纪律！估计我孙子在学校饿坏了，晚上我得给咱孙子做一份他最爱吃的糖醋排骨。"

第二天，盼盼临出门前，王爷爷在他的书包里放了一根火腿肠，并神秘地说："大孙子，饿了就吃火腿肠。爷爷告诉你，吃的时候用书挡着，老师就看不到了！"

放学回到家，盼盼把书包和半根火腿肠扔在沙发上，气呼呼地说："爷爷，我明天不去学校了！上语文课的时候我肚子饿，刚吃了两口火腿肠，老师就批评我，还说饿了也要忍着，下课再吃！这是什么破学校，什么破规矩！我再也不想上学了！"

溺爱就是伤害。王爷爷对盼盼无原则的溺爱使盼盼产生了不想上学的念头，这就是因为溺爱害了孩子的典型例子。从故事中可以看到王爷爷对盼盼的教育存在着明显的问题。

1. 王爷爷不能主动引导孩子遵守学校纪律，适应学校环境

"不以规矩，不能成方圆。"在小学低年级阶段，学校里各种各样的纪律要求是对学生行为习惯的约束，也是对学生在校期间日常行为习惯的良性引导。很多低年级孩子习惯了在家里和在幼儿园里无拘无束的生活，初入小学阶段，家长要引导孩子积极对待各种纪律要求，帮助孩子主动适应学校生活。王爷爷对学校纪律的抱怨，增加了盼盼对课堂纪律的反感，使盼盼产生不想上学的想法。

2. 王爷爷不能与老师形成教育合力，帮助孩子建立遵守纪律的规则意识

在老师指出盼盼不能遵守课堂纪律的问题，并提醒不要给孩子带规定以外的食物后，王爷爷并没有采纳老师的建议，也没有及时向孩子强化应该遵守课堂纪律的意识，而是继续给孩子带火腿肠，

甚至向孩子传授如何在课堂上偷偷吃零食的“技巧”。这种错误的教育观念使孩子误认为是学校里的要求存在问题、老师的要求并不合理，获得了糟糕的课堂体验，从而无法适应学校生活，拒绝上学。

教子有方小课堂

小学低年级学生不遵守纪律的原因有不适应环境、意志品质不强、自我控制力较弱等。家长虽然不能像老师一样在课堂上及时提醒并纠正孩子的不恰当行为，但是能够从以下方面引导孩子养成遵守纪律的良好习惯：

1. 奠定意识基础，使孩子对遵守纪律有正确认识

小学低年级学生对纪律并没有清晰的认知，在他们的意识当中，纪律是具有强制性、冷冰冰的规则，如果违反了纪律就要受到严厉的惩罚，违反纪律的人大多不是什么“好人”。当孩子因不遵守纪律而受到老师批评时，家长不要对孩子进行指责、呵斥，这样会强化孩子恐慌、畏惧的心理，加大孩子适应纪律要求的困难程度。家长正确的做法是，首先应表现出对孩子的理解，再引导孩子认识到不遵守纪律的行为确实是不对的，但并非不可原谅，记住纪律规则、遵守纪律规则就不会再次违反纪律。

2. 进行有效交流，唤醒孩子遵守纪律的内在动机

当孩子意识到应该遵守纪律时，家长可以与孩子进行有效沟通，适时地询问孩子下一步的行动计划，并帮助孩子优化计划，引导、

监督孩子实施计划，使遵守纪律成为孩子自己想做并能够做到的事。如，和孩子约定，连续一周遵守课堂纪律，不在课堂上打断老师讲课或不和同桌闲聊，就奖励去一次游乐场等。

3. 及时做出反馈，让孩子看到自己的点滴进步

及时反馈可使孩子及时获得成功的体验，从而积累内心力量，树立更高层次的目标。家长应积极主动地与老师沟通，并向孩子反馈正面的沟通结果，使孩子看到自己在遵守纪律方面取得的进步，以获得更大的进步动力。

第四节　培养按时完成作业的习惯

帮助孩子从小养成按时完成作业的习惯是十分重要的。养成按时完成作业的习惯，不仅有利于孩子巩固吸收当天所学的知识，为学习生涯打下坚实的基础，而且能够培养孩子端正的学习态度和做事的条理性、责任感，从而在将来升入高年级后更好地适应较快的学习节奏，不会因为作业量的增加而对学习产生畏难情绪。

爱磨蹭的璐璐

在学校里的课后托管班写作业时，璐璐总是磨磨蹭蹭的。别人20分钟能写完的作业，璐璐要写1小时；别人10分钟能做完的数学题，璐璐要做40分钟。为了改掉璐璐写作业磨蹭的毛病，妈妈决

定把璐璐接回家写作业。

可是，璐璐刚回到家就喊肚子饿，没有力气写作业，妈妈只能先去给她做晚饭。吃完饭，璐璐又要上厕所。上完厕所，璐璐好不容易坐到书桌旁，又开始削铅笔。

璐璐妈妈越看越生气，忍不住吼道："快点儿写作业，快点儿写，一会儿天都黑了！"璐璐只能不情愿地写起作业来。谁料，刚写了两个字，璐璐又开始找橡皮。找橡皮时，璐璐发现书包里装着同桌送给她的彩纸，又折起了小星星。璐璐妈妈一把夺下璐璐手里的彩纸，怒不可遏地喊道："让你写作业，你居然玩起了折纸，还不快去写作业！"看到妈妈的样子，璐璐又惊又怕，哇哇大哭起来。

等璐璐平复完情绪，天已经黑透了，而璐璐的作业本上只写了一行字。

透过故事，我们仿佛看到了璐璐妈妈急躁的样子。其实，像璐璐这种写作业磨蹭的孩子并不少见。大多数家长会像璐璐妈妈一样，选择用简单粗暴的方式逼迫孩子尽快完成作业，结果孩子还是拖拖拉拉的。

其实，如果不能了解孩子写作业磨蹭的真正原因并对症下药，即便家长再严厉要求，也无法从根本上解决孩子写作业磨蹭的问题。造成孩子写作业磨蹭的主要原因如下：

1. 完成作业的难度过大。孩子都喜欢做相对容易的事情，如果完成作业的难度大，孩子就会表现出逃避状态。

2. 环境的干扰使孩子无法集中注意力学习。当孩子所处的环境中存在的干扰因素太多，如声音嘈杂、人员走动频繁、玩具陈列过多等，孩子的注意力便会受到干扰，从而无法集中精力写作业。

3. 不良的习惯导致拖拉。很多低年级孩子做作业中途，常会以需要放松为借口玩玩具、吃零食等。很多家长心疼孩子，认为孩子上了一天的课很辛苦，便默许孩子在做作业中途进行放松活动。大多数孩子一旦参与到放松活动中，便很难将注意力再放到学习上。

教子有方小课堂

小学低年级孩子的作业量并不多，如果能集中精力，用于写作业的时间不会太长。造成孩子写作业磨蹭的原因有很多，家长应仔细辨认，对症下药。

1. 对于做作业时习惯不好的孩子，应重点培养习惯

孩子放学回到家后，家长应引导孩子先完成作业。当孩子完成计划内的作业任务之后，剩下的时间可以让孩子自由支配。这样，孩子的获得感会更强，学习的动力也会更足。

2. 对于完成作业有畏难情绪的孩子，应找到具体原因

如果孩子对完成作业有畏难情绪，家长应以陪伴孩子一起做作业的方式帮孩子找到具体原因。家长可以让孩子边做题边说出自己的做题思路。如果孩子的做题思路不清晰，则表明作业对孩子来说有难度。此时，家长应帮助孩子对相关知识点进行查漏补缺。如果

作业量较多，家长可建议孩子将作业分解为几大块，一一完成。

3. 明确“好好写作业”的要求

家长可以和孩子一起商量，明确“好好写作业”的要求。如写作业时，书写要工整，做完作业要检查等。

4. 营造良好的做作业的氛围

当孩子在做作业的时候，家长应尽力为孩子营造良好的做作业氛围，避免噪声、玩具等对孩子造成干扰。家长不要在孩子身边看电视、玩手机，可以选择写字、看书等，保持孩子的学习环境相对安静。

第五节　培养孩子的阅读兴趣

兴趣是推动一个人去认识事物、探求事物的重要动力。

对于孩子来说，读书不仅能开阔视野，增长见闻，更能提升独立思考能力，帮助他们在人生路上走得更稳、更远。想培养孩子的阅读兴趣，应首先从孩子感兴趣的内容入手，帮助孩子建立阅读自信，扫清阅读障碍，使孩子体验到阅读的乐趣。

一本漫画书

小学一年级的彤彤一直不爱看书，但是最近，她迷上了看漫画书。她喜欢《父与子》中父亲和儿子的有趣经历，也喜欢《老夫子》

中个性鲜活的人物。每次看漫画书时，彤彤都会忍不住咯咯地笑出声来。

可是，妈妈并不支持彤彤看漫画书。“彤彤，你已经上小学了，应该多读一些文字量大的书，扩大你的识字量。这些漫画书中的文字太少了，看这些没有价值的书只会浪费你的时间。”每次说完类似的话语，妈妈都不忘扔给彤彤那本满是文字的《成语故事 ×× 篇》。

“谁说我看的书没有价值？你选的书才没有价值！”彤彤心里这样想着，却不敢直接顶撞妈妈。她漫不经心地翻起妈妈让她看的书，不一会儿便昏昏欲睡了。

阅读不仅仅是儿童获取知识的主要途径，而且是促进儿童终身发展的重要过程。儿童时期是个体阅读能力发展、阅读习惯养成的重要阶段，在这个阶段培养孩子的阅读习惯，应以遵循孩子的发展规律和兴趣爱好为前提。

每个家长都有“望子成龙，望女成凤”的美好愿望，彤彤妈妈从自己的视角出发，为彤彤选择“有用”的书，出发点是好的，但她不应该忽视彤彤的阅读兴趣，并评价彤彤喜欢看的书“没有价值”，这样会使彤彤从内心深处反感妈妈的评价，与妈妈形成对立。即便彤彤会在短时间内按照妈妈的要求去读书，也难以收到良好的阅读效果。

同时，小学低年级孩子识字不多，自然爱阅读一些以插图为主的漫画、绘本等，随着阅读能力的提升，孩子自然而然地会将阅读内容转向以文字为主的图书。有些家长强迫孩子去阅读其不感兴趣的图书，只能消磨孩子的阅读兴趣。

教子有方小课堂

想要培养孩子的阅读兴趣，家长可以给孩子树立爱读书的榜样，多带孩子去书店、图书馆感受浓厚的读书氛围。此外，家长还应该注意以下几点：

1. 内容上，以孩子喜欢阅读的图书为首选

很多家长都会遇到为孩子选书的难题，究竟应该给孩子买哪些图书呢？正确的做法是买孩子喜欢阅读的图书，这样的图书会激发孩子阅读的主动性、积极性、自觉性。对于低年级学生，读书的意义不在于获取知识内容，而在于阅读兴趣和习惯的养成。在孩子养成阅读兴趣的基础上，再逐渐引导孩子阅读含金量更高的经典图书。

2. 形式上，以促进孩子的阅读行为为目的

读书打卡、亲子读书接龙、家庭读书竞赛、亲子阅读分享等都是可以促进孩子阅读行为的方法。家长可以结合家庭成员及孩子的实际情况，直接运用或改用，并持之以恒，以达到促进孩子阅读行为的目的。

3. 效果上，以教会孩子正确的阅读方法为导向

作为家长，不仅应激发孩子的阅读兴趣，培养孩子的阅读习惯，还要教会孩子正确的阅读方法，帮助孩子有意识地汲取书中的精华。

如每次阅读一本书前，家长可带领孩子从书名猜测内容，再根据目录梳理内容框架；精读时带领孩子圈画或摘抄好词佳句；读后应引导孩子说说心得体会。在这个过程中，家长要尊重孩子对图书内容的理解，可以补充孩子的观点，但不能否定孩子的看法。

如果家长没有充足的时间参与读书，可择机以闲聊的方式请孩子为家长介绍其所读图书中主要的人物、有趣的情节等，让图书的内容成为亲子沟通的内容之一。通过这种简单的交流，家长不仅可以检验孩子的读书效果，还可以引导孩子从图书中汲取养分。

对于一些确实不爱读书的孩子，家长可以先引导其听故事，待其对听的内容产生兴趣，再向其介绍与故事内容一致或相似的图书，引导孩子探索图书内容与其听到的故事内容有何异同，从孩子的兴趣点入手，循序渐进地培养孩子的阅读习惯。

第六节　优化家庭学习环境

良好的家庭学习环境有利于孩子形成良好的学习习惯、提高学习效率、培养学习能力、增进身心健康发展。

小学低年级孩子的学习能力和模仿能力较强，家长应重视家庭学习环境对孩子学习效果的积极影响，日常多营造家人一起读书、学习的氛围，为孩子树立学习的榜样，和孩子共同养成乐学、会学的学习习惯。

不爱学习的轩轩

轩轩虽然是小学二年级的学生了，但还是和在幼儿园里的时候一样贪玩，常常上课的时候走神、吃东西，放学后想不起老师教的是什么内容，只记得自己和哪个同学玩了什么游戏……老师说了无数遍，他也不改。放学回家后，轩轩要么躺在沙发上看动画片，要么缠着爸爸要爸爸的手机玩，从来不看书，更别说自主学习了。

轩轩的班主任王老师找到轩轩妈妈，希望轩轩妈妈能和老师一起，从学校和家庭两个方面帮助轩轩提高对学习的正确认识。

晚上，轩轩正在看电视，轩轩妈妈说："轩轩，每天晚饭后的时间应该是用来看书的时间，你怎么还在看电视，快去看书！"

"你和爸爸从来都不看书，你们每天不是在玩手机，就是在看电视，为什么要我去看书？我才不去！"轩轩说完，拿着手里的电视遥控器，满脸不耐烦地调换起电视频道来。

家庭是孩子人生中的第一所学校，家长是孩子人生中的第一任教师，又是任职时间最长的教师，孩子的一些行为习惯都是通过观察家长的行为学到的。一个家庭中，如果家长喜欢读书，那么孩子很可能也喜欢读书；如果家长对学习有积极的认识，那么孩子更容易热爱学习；如果家长整天玩手机、看电视，那么孩子很可能也热衷于从电子产品中获取快乐，这都是孩子在家庭中耳濡目染的结果。

故事中轩轩的爸爸妈妈都热衷于玩手机、看电视，却要求轩轩去学习，这样轩轩自然抗拒学习。这样的家长不能与学校老师形成教育合力，不能给孩子做出正确的示范，自然也不能为孩子营造出适宜学习的家庭环境。

教子有方小课堂

家庭学习环境的营造要注意以下几个方面：

1. 避免干扰，设定固定的学习场所

小学低年级孩子学习时，其注意力的持久性、抗干扰性较弱。如果孩子学习时，周围的环境比较吵闹，就很可能使他的注意力被分散，降低学习效率。所以，家长应为孩子提供固定的学习场所，且配备固定的学习桌椅，尽可能避免噪声、玩具等分散孩子的注意力，使孩子更好地投入到学习活动中。

2. 以身作则，多做与学习相关的事

家长应以身作则，多做与学习相关的事，成为孩子的学习榜样。比如当孩子读书或写作业的时候，家长可以在一旁读读书，写写字；和孩子聊天时，除了询问孩子的学习情况，也可以聊一聊自己对学习的认识等；假期里应多带孩子去参观博物馆、观看纪录片等。

3. 自由民主，允许孩子有更多选择

家庭学习不同于学校学习，往往不具有明确的学习目标。家长应以拓展课外内容和丰富孩子的兴趣为前提，让孩子自由选择读书、写字、画画、做实验、做手工等学习内容。

4. 打开视野，促进孩子的全面发展

有些人认为，只有读书、写字才是学习，只有语文、数学、外语等教科书中的内容才是知识，这种认知很狭隘。学习的种类繁多、形式多样。如在秩序井然的游戏活动中，孩子能在与人接触的过程中学习到良好的行为规范；在参观科技馆的过程中，孩子能学习到新奇有趣的科学文化知识，激发出对科学知识的浓厚兴趣；在劳动实践和社会实践中，孩子能提升对生活和社会的认知，更好地适应社会，实现个人发展……所以，家长应该打开视野，带领孩子从家庭、学校、社会等不同场合中学习，促进孩子的全面发展。

第五章　家庭媒介素养教育

随着科学技术的不断发展、网络技术的不断进步和手机的广泛应用，人们的生活被各种媒体所包围。人们面对不同媒体传播的各种信息时所表现出的对信息的选择能力、质疑能力、理解能力、分析能力、评价能力，都属于媒介素养。

家长在青少年媒介素养教育中扮演着重要角色，家长的媒介素养水平以及家长与孩子的沟通交流方式等因素都影响着青少年的媒介素养水平。

本章将从引导孩子“合理使用电子设备”“理性对待广告”“远离暴力游戏”“远离色情信息”“使用书信表达”等方面，帮助家长引导孩子形成健康的媒介素养。

第一节　合理使用电子设备

智能手机、电子手表、平板电脑等电子设备作为传播信息的新兴媒介，正改变着人们的生活方式。以智能手机为例，当下，智能手机不仅是现代人必备的通信工具，还是人们获得学习、娱乐、购物、健身、生活缴费等服务的平台。可见，人们的生活越来越离不开手机。合理地使用手机等电子产品，会让我们的生活更便捷。

动车上的母女俩

星期天，莉莉和妈妈一起乘坐动车回姥姥家。

车辆慢慢驶出了站台。莉莉妈妈一直盯着手机屏幕看搞笑短视频，一边看，一边笑。

莉莉见了，把身子凑过来，对妈妈说："我好无聊。妈妈，给我玩一会儿手机吧。"

"小孩子不能玩手机，对视力不好，给你薯片，去吃薯片吧。"莉莉妈妈嘴上说着，眼睛却始终看着手机屏幕。

"我不吃薯片，我就要玩手机！我要看你手机里的搞笑视频！"莉莉见妈妈不给她玩手机，便大声地哭闹起来。周围的乘客都把目光转向莉莉和她妈妈。

"好好好，给你玩手机，一不给玩手机就哭，真烦人！"为了让莉莉停止哭闹，莉莉妈妈不耐烦地把手机塞进莉莉手里。

莉莉拿起手机，熟练地打开手机上的应用，看起短视频来，一边看，一边像妈妈刚才一样咯咯地笑着。

经常玩手机会对人产生消极影响。调查数据显示：长时间使用电子屏幕会降低儿童的认知能力，影响儿童的睡眠质量，还会对儿童的视力造成不可逆的伤害。

然而，一部分家长像莉莉妈妈一样，沉迷于玩手机，不能给孩子进行良好示范；当孩子提出要玩手机的时候，也不知道如何正确引导，只能粗暴地拒绝孩子的要求；在孩子用哭闹的方式表达要玩手机的诉求时，只能把手机当成阻止孩子哭闹的“哄娃神器”。

莉莉妈妈爱在手机上观看搞笑短视频，莉莉在耳濡目染下，也会产生“手机很好玩，可以经常玩”的想法。这会使莉莉在小小年纪便加入“手机控”的行列。

教子有方小课堂

有人说：“如果想毁掉一个孩子，给他一部智能手机，并且不加约束就够了。”可见，让孩子合理使用电子设备，需要家长进行指导和适当约束。

1. 让孩子客观公正地认识电子设备

一部分家长自身的媒介素养有待提高。有些家长经常使用手机等电子设备玩网络游戏、看娱乐视频，致使孩子误以为电子设备的功能也仅限于此。实际上，电子设备除了具备娱乐功能，还具有辅助办公功能、辅助学习功能。家长应多引导孩子使用电子设备查找学习资料、学习文化知识、收听有益身心健康的音乐等。

2. 规定好孩子使用电子设备的时长

在孩子每次使用电子设备之前，家长应与孩子约定好使用电子设备的时长，通过设置闹钟进行提醒等方式，提醒孩子在约定时间到达时，及时停止使用电子设备。如果孩子不能自觉遵守约定，可以采取适当惩戒措施，如取消一次使用手机的机会或取消一次外出游玩的机会等，强化孩子的履约意识。

3. 丰富孩子的兴趣爱好

很多孩子过度依赖电子设备，往往是因为生活中缺少有趣的娱乐项目，没有能够一起玩耍的伙伴，只好用电子设备打发时间。对于这种孩子，家长除了引导其培养读书、画画等爱好之外，还应该多带其参加户外体育运动，使孩子在运动中强健体魄、结交朋友，找到更多的乐趣，避免孩子把电子设备当成排遣寂寞的唯一手段。

4. 做好防范近视的措施

不适宜的视物距离是导致近视发生的主要因素之一。在允许孩子使用电子设备的同时，应提醒孩子注意保持眼睛与电子屏幕之间的距离，并避免以躺、趴、卧等不良姿势观看电子屏幕，预防因不良的观看姿势引发近视。

引导孩子合理使用电子设备的过程，也是家长提高自身媒介素养的过程，除了对孩子提出要求，家长也需要从自身做起，发挥示范作用。

第二节　理性对待广告

广告作为一种信息载体，每天都冲击着我们的视线。生活中常见的广告类型为公益广告、商业广告两种。

公益广告不以营利为目的，其传播的提倡戒烟、戒毒、爱护环境、尊老爱幼等思想有助于家长对孩子进行德育。

商业广告以营利为目的，旨在推销商品或服务，是我们日常生活中接触较多的广告。家长应重点引导孩子理性对待商业广告，促进孩子形成正确的消费观念。

永远的"最后三天"

晓晓家附近新开了一家玩具店，可是不知为什么，刚开业这天，玩具店门口就贴出了"清仓甩卖，最后三天"的广告，店主用音箱循环播放着："所有玩具，亏本甩卖，买到就是赚到……"

晓晓拉着妈妈进店买了一辆变形汽车，觉得自己抢购到一款好玩具，心里美极了。回到家里，妈妈告诉晓晓，这辆小汽车的价格比别的商店贵了 10 元，而且妈妈断定，这家店三天以后一定还会正常营业。

晓晓觉得很奇怪，店主明明已经说过了，只卖"最后三天"，妈妈为什么却说这家店三天以后还会正常营业呢？晓晓拿出家里的台历，用笔勾画出三天后的日期。她和妈妈约定在三天后到店里验证一下妈妈的预判对不对。

第四天，晓晓和妈妈如约来到那家玩具店，只见那家玩具店真的还在正常营业，并且店门口张贴的广告语还是“清仓甩卖，最后三天”，音箱里还是播放着“所有玩具，亏本甩卖，买到就是赚到……”。

到了第五天，晓晓想：“今天，玩具店要关门了吧。”可妈妈带着晓晓从那家玩具店门口经过的时候，那家玩具店还在正常营业。第六天，第七天，依然如此……

晓晓觉得很奇怪：“明明三天已经过去了，这家玩具店怎么还没有关门?”

妈妈揭开了谜底……

故事中，商家通过营造紧张气氛，从而促进消费者购买。类似案例，我们经常在日常生活中遇到。

晓晓妈妈很明智，在晓晓被玩具店的广告吸引，产生购买冲动时，她没有第一时间制止孩子的购买行为，而是在晓晓亲身体验这个“骗局”之后才揭开谜底，这样做，不但维护了晓晓的自主性，而且也对晓晓进行了很好的广告素养教育。

教子有方小课堂

对孩子进行广告素养教育，家长应注意以下几点：

1. 认清商业广告的营利本质

家长应让孩子认识到商业广告引导消费的根本目的，避免在商家的诱导下进行不必要的消费。

2. 避开商业广告的宣传陷阱

商业广告的“陷阱”有很多，如有些商品号称“买一赠一”，实际上正品和赠品的价值相差悬殊。家长可以结合生活实际，教孩子识别陷阱，避免冲动消费。

3. 培养理性消费习惯

家长应培养孩子的理性消费习惯，如当需要购买必需品时，首先了解产品的口碑，选择口碑好的；检查商品的生产厂家、生产日期、保质日期，避免购买“三无”产品；购买相似品质的产品时，考虑购买性价比高的。

4. 吸收优质广告中的精彩创意

广告属于创意性作品，很多广告能够体现创意者的奇妙构思和独特的联想力、想象力，如“坐红旗车，走中国路”“情系中国结，联通四海心”等。家长应引导孩子感受其中的文化美、语言美，吸收其精彩创意。如果孩子能在日常表达中对这些精彩创意进行引用、改编，是有助于提升写作能力和语言表达能力的。

随着网络的迅速发展，人们接触网络的机会越来越多，网络骗局也不断兴起。孩子的社会阅历浅，内心对一切事物充满好奇，因其内心善良纯净，极易相信各种虚假宣传。作为家长，我们应帮助孩子识别和警惕各种具有诱导性的广告信息和虚假的宣传，让孩子从小树立起安全防范意识。

第三节　远离暴力游戏

暴力游戏是指包含暴力和血腥情节的游戏，主要特点是玩家在游戏中经历和模拟打斗、杀戮、射击等暴力行为。网络中暴力游戏的类型多样，如射击游戏、格斗游戏、角色扮演游戏等。具有暴力内容的网络游戏互动性、沉浸性、仿真性强，操作便捷，容易吸引孩子的注意力。但是，小学低年级学生还没有形成正确价值观，无法分辨游戏中什么行为是对的、什么行为是错的，往往容易受暴力游戏中血腥、暴力元素的误导，在生活中模仿游戏中的暴力行为，甚至形成暴力思维模式，影响与他人的正常交往、对他人造成身体伤害。家长应履行好监护和教育职责，引导孩子远离内容血腥暴力的网络游戏。

网络游戏与“大哥”

壮壮爸爸开了一家美发店，平时工作很忙。

放假了，壮壮要在爸爸的美发店度过假期。他每天自己看书、写作业或者找附近的小朋友玩，找不到玩伴时，就自己坐在理发店门口发呆。为了让壮壮不那么无聊，爸爸给壮壮买了一部平板电脑。壮壮很喜欢这部平板电脑，并用平板电脑下载了许多网络游戏。

自从有了平板电脑，壮壮再也不愁没人和自己一起玩了，他经常拿着平板电脑玩一下午游戏。和小朋友们一起玩时，他也常常模仿着游戏中的情节。

这天，壮壮把一个小朋友打伤了，壮壮爸爸狠狠地批评了壮壮。可是，壮壮非但没有悔悟的态度，还理直气壮地说："我是'大哥'，谁是'大哥'谁说了算，如果'小弟'不听话，'大哥'可以打'小弟'，还可以切他的手指、割他的耳朵、没收他的财产……"

听了壮壮的话，壮壮爸爸十分吃惊："胡说八道！这都是谁教你的！"

"网络游戏里就是这样规定的！"壮壮理直气壮地答道。

壮壮爸爸这才知道，壮壮和伙伴们玩时，常模仿一款网络游戏中的情节。万幸自己发现得早，如果壮壮真的学着游戏中的情节，切"小弟"的手指、割"小弟"的耳朵，那还得了？

壮壮爸爸连忙卸载了壮壮平板电脑中的暴力游戏，并严厉地批评了他，还禁止他再玩暴力网络游戏。

有专家指出："暴力游戏与青少年暴力事件频发有着密切的关联，它对未成年人的影响尤为突出！"

儿童是非判断能力不强，习得知识的主要方式是模仿。经常接触暴力游戏，会导致儿童的价值观偏离；会影响儿童的行为模式，使儿童在与他人相处时习惯用暴力解决冲突；会影响儿童对现实的认知，使儿童混淆游戏与现实，无法分清游戏与生活的边界。

从故事中不难看出，壮壮并没意识到自己打人的行为是错误的，而且在他的认知里，自己还可以使用其他暴力手段伤害玩伴，因为他玩的网络游戏里，规则就是这样的。显然，壮壮已经错误地把游戏规则当成现实生活中与小朋友相处的规则了。

壮壮爸爸在孩子使用电子设备时，没有及时监管孩子，让孩子下载了不健康的网络游戏；在孩子出现问题时，只会批评孩子。这些做法既忽略了孩子的心理需求，也缺乏对孩子的理性引导，不能帮助孩子真正认识到自己的错误。

教子有方小课堂

面对网络游戏，家长不应该以“一刀切”的方式禁止孩子接触。因为在互联网时代，适度接触知识类、运动类、益智类网络游戏对儿童的成长具有积极作用，关键看家长如何引导孩子。

1. 帮助孩子筛选健康的游戏种类

游戏往往有明确的目标、具体的规则。孩子在玩知识类、运动类、益智类网络游戏的过程中，能够积累成功的经验，获得成功的体验，这是有利于孩子的成长的。

2. 引导孩子远离具有血腥暴力内容的游戏

引导孩子远离具有血腥暴力内容的网络游戏时，不能简单粗暴地使用强行制止、武断拒绝的方式，应跟孩子讲明这类游戏会对他们造成哪些危害，使他们形成远离这类游戏的意识，这样才能引导孩子自觉远离具有血腥暴力内容的游戏。

3. 指导孩子制定玩游戏的具体规则

应指导孩子制定玩网络游戏的具体规则，比如规定每周玩一次，每次玩游戏时间不能超过 35 分钟等，以免孩子沉迷于网络游戏。

第四节　远离色情信息

色情信息是指能够激发起性欲的各类信息，包括视频、图片等不同形式。网络是不法分子发布色情链接、传播色情信息的主阵地。

《第 5 次全国未成年人互联网使用情况调查报告》显示，截至 2022 年，我国未成年网民规模为 1.93 亿，未成年人互联网普及率达到 97.2%。活跃在互联网的未成年网民成为传播色情等不良信息的不法分子的作恶目标。该报告显示，未成年网民在上网时遭遇的各类不良信息中，淫秽色情内容占比达到 19.5% 左右。孩子们使用电子设备和接触网络的机会越来越多，家长应及时引导孩子远离网络色情信息。

来自神秘人物的邀请

这天，丁丁正在用电脑查资料，电脑屏幕上弹出一条消息：在忙什么？休息一下，喝杯茶吧！文字旁边是一张美女图片。

“我没有登录社交软件，是谁发来的消息呢？”丁丁很好奇，是谁这么神通广大，在他没有登录社交软件的情况下也能给他发消息。于是，他用鼠标点开了弹窗。谁知，电脑居然跳转到另外一个链接，网页上面显示的是一张张美女图片。

“哎呀，不好！难道是电脑中毒了吗?”丁丁连忙用鼠标点击弹窗上的“关闭”按钮，可是，非但弹窗没有关闭，屏幕上还出现许多不穿衣服的人的图片。丁丁看了，觉得又好奇又害怕，额头上渗出了一颗颗汗珠。

正在丁丁急得满头大汗时，爸爸走过来，看见后帮丁丁关闭了电脑。丁丁觉得自己好像做错了事，红着脸向爸爸说了电脑“中毒”的经过。

丁丁爸爸摸着丁丁的头说：“你没有犯错误，电脑也没有中毒，是你上了坏人的当，在好奇心的驱使下点击了散布色情信息的弹窗广告。”

后来，丁丁爸爸还和丁丁谈论了应该如何识别和拒绝色情广告的诱惑。

小学低年级孩子对一切都充满了好奇，而孩子在好奇心的驱使下探索未知世界的过程中，可能会遇到各种各样不良信息，其中就包括淫秽色情信息。

家长如果发现孩子正在接触不良信息，千万不要第一时间站在孩子的对立面批评孩子，而要心平气和地问清楚事情的来龙去脉，以平等的语气和态度与孩子交流如何应对这些不良信息。

故事中，当发现丁丁正在接触淫秽色情信息时，丁丁爸爸并没有批评丁丁，而是能够在第一时间发觉丁丁内心的忐忑，冷静地帮助丁丁分析问题，与丁丁一同探讨应对不良信息的方法。这种做法不仅让丁丁感受到被充分信任，而且也很好地保护了丁丁的好奇心。

教子有方小课堂

1. 绿色上网，筑屏障

开启青少年模式，实现绿色上网，不但能够有效控制孩子上网的时长，而且能够有效屏蔽互联网上涉黄、涉赌、涉毒等不良信息，为孩子营造绿色健康、安全纯净的网络环境。

2. 直面问题，不逃避

当孩子在无意中接触到涉黄、涉赌、涉毒等不良信息时，家长不要害怕与孩子谈论有关色情及赌博、毒品等敏感话题，应与孩子一起面对问题，让孩子认清这些不良信息的危害，从而避免陷入不法分子设置的陷阱。

3. 问清原因，不责骂

如果孩子表现出对色情信息的兴趣，很可能是因为孩子对性产生了好奇，应给孩子解释其关注色情信息的原因的机会，并适时对孩子进行性启蒙教育。不要责骂孩子，更不要把“不要脸”“下流”等词语用在孩子身上，以免影响孩子正常的性发育和心理健康。

4. 转移注意力，增兴趣

可以丰富孩子的课余生活，培养孩子的兴趣爱好，这样会帮助孩子把对色情信息的兴趣进行有效地转移。

5. 坦然教育，不遮掩

谈起色情信息，就离不开性教育的话题。性教育是指对受教育者展开的有关性科学、性知识、性道德和性文明的教育。当孩子问到涉及性知识的话题时，很多家长会条件反射式地给予遮掩式、回避式的回答，这反而会激发起孩子的探索兴趣，使孩子想通过其他非正规途径进一步了解性知识。家长们如果能坦然地对孩子进行性教育，就能够帮助孩子建立正确的性观念。

小孩子的世界是很单纯的，有强烈好奇心的他们对什么是善、什么是恶没有足够清晰的认识。家长应该及时帮他们建立起清晰的认知边界，并引导孩子筑牢自己的行为底线，远离不良网络信息。

第五节　使用书信表达

书信是暂时不能见面的人们相互交流情感与思想的媒介，具有丰富的文化内涵。

在科技和通信高度发达的今天，更加便捷的交流方式替代了传统的书信传递，书信逐渐淡出人们的视线。但在叙事心理治疗中，书信被广泛使用，成为沟通心理咨询师与来访者的桥梁和来访者探索自我成长的重要手段之一。

通过撰写书信，孩子能够毫无保留地向家长表达内心的情感，有利于孩子发泄内在情绪、缓解和释放压力。此外，孩子还可提高书写能力和写作水平。

藏在书信里的爱

因为工作的关系，婷婷爸爸需要经常出差，他因此错过了许多陪伴婷婷成长的重要时刻。

为了不留下遗憾，婷婷爸爸想到了用书信的方式表达自己对女儿的爱。于是，他每次出差之前都会给婷婷写一封信。

婷婷小的时候，婷婷妈妈负责读信给婷婷听，婷婷不会写字，妈妈告诉婷婷可以用画画的方式给爸爸回信。每次婷婷爸爸出差回来，都会收到一幅来自女儿的画。

自从婷婷上了小学，她可以试着用汉字和拼音给爸爸写几句话作为回信。现在，婷婷和爸爸往来的书信可以装满一个大盒子。

婷婷妈妈决定要一直保留好这些信，因为这一封封信承载着爸爸对婷婷的爱。

虽然婷婷爸爸不能像婷婷妈妈一样有充足的时间陪伴婷婷，但婷婷从爸爸写给自己的一封封信中感受到了爸爸的爱，在婷婷心里，这份爱是值得珍藏的。

与语音聊天、视频通话相比，书信作为真实存在的物品，具有珍藏价值。《曾国藩家书》中，曾国藩传授给子女的为人、为学、为政之道，对我们丰富家族文化底蕴、提升个人素质具有重要意义。

书信是沟通信息和交流感情的重要工具，教孩子学会用书信表达，有诸多好处：

1. 学会书信表达，可以提高孩子的书写能力和写作能力。

2. 学会书信表达，可以避免家长与孩子在正面交流过程中产生言语冲突，有利于亲子沟通。

3. 学会书信表达，可以为孩子毫无顾忌地表达内心真实情感提供平台，帮助孩子发泄内在情绪，从而缓解和释放压力。

教子有方小课堂

家长是孩子在人生道路上不断进步的示范者。在引导孩子学会使用书信表达的过程中，家长可以从以下几个方面入手：

1. 一板一眼，格式要完整

写给孩子的信，要严格遵守书信的格式，做到一板一眼，格式完整。这是在向孩子传递做事要严谨、认真的态度。

2. 一笔一画，书写要规范

如果家长写在信中的字凌乱潦草，那么，孩子可能会模仿家长，养成写字潦草的习惯。

3. 敞开心扉，内容要真实

家长给孩子写信，要敞开心扉，写真实的内容，这样会增加孩子对家长的信任感，有利于增进亲子感情。

4. 平等对话，态度要诚恳

家长应在书信中以平等的态度面对孩子。如果书信内容涉及亲子冲突且家长有错，家长一定要态度诚恳地表达自己的歉意，并认真改正。

5. 积极回应，不挑剔批评

孩子的书写水平不高，组织语言的能力也没得到充分发展。家长在看到孩子的书信中有病句、错字时，应宽容对待孩子的小错误。

书信不仅是一种传递信息的媒介，更是一种宝贵的财富。试想想，当孩子阅读一封封情真意切的来自家长的书信时，这对孩子来说，是多么美妙的时刻呀！

第六章　家庭性别教育

性别教育是家庭教育的重要内容。对孩子进行性别教育，使孩子对自己的性别有清晰、正确的认识，不但能够促进孩子心理的健康发展，而且能够增强孩子的自我保护意识，防止孩子遭受性侵害，健康成长。

本章将从引导孩子“知道男女有别”“增强性别认同”“了解隐私部位”“识别性侵行为”“学会防范性侵”等几个方面，为家长对孩子进行性别教育指引方向。

第一节　知道男女有别

很多家长在孩子很小的时候便会告诉孩子“你是男孩”“你是女孩”，但很少有家长提醒孩子注意男女有别。

家长应让孩子知道男女有别，帮助他们进行自我性别角色认同，并建立起性别隐私意识。

小明跑进了女厕所

小明的爸爸在外地工作，每年只有国庆节和春节才会回家。小明的学习、生活都由妈妈一个人照顾。

小明升入小学一年级以后，身边顿时多了许多新朋友，这让小明迅速地热爱上校园生活。

下课时，小明跑到一群女同学中间，和同学们玩起了追人的游戏。一个女同学为了躲避小明的追赶跑进了女厕所，小明想也没想就追了进去。厕所里面的女同学看见有一个男孩子突然闯进来，吓得顿时大声呼喊起来。

政教处的老师闻讯赶来，批评了小明。小明却觉得很不服气：我们只是在玩游戏，老师为什么要批评我！为什么学校里的女厕所不能让男孩进？去商场时，妈妈都是带我一起去女厕所的……

我们时常可以看到有些男孩子表现得比较“娘娘腔”，有些女孩子表现得像“假小子”，这样的孩子有可能存在性别角色认知问题。

虽然很多家长从孩子幼儿时期便开始向孩子传输性别概念，强调孩子的性别属性，反反复复地告诉孩子，你是男孩、你是女孩，但大部分孩子要到小学高年级才能发展形成稳定的性别角色。在此之前，孩子所处环境中的人、事、物，都影响着孩子对性别角色的认知。

故事中，爸爸在生活上的缺位使小明妈妈只能一个人带孩子，并且在生活中没有明确地将自己的女性性别角色与小明的男性性别角色划清界限，使小明没能充分认识到：在一些特殊场合，男生和女生是有明显区别的。小明妈妈应尽快指导小明明晰并区分性别角色，帮助他建立起性别隐私意识，促进其健康成长。

教子有方小课堂

1. 帮孩子认识性别角色特征的两个小游戏

（1）我来画，你来猜（双人游戏）

游戏规则：人物甲绘制人物，请人物乙判断甲所绘制的人物是男是女，并说出理由。人物乙猜对后，换人物乙来绘制人物，人物甲来猜人物的性别，并说出理由。以此类推。

游戏说明：这个游戏中玩伴绘图、性别分析、理由陈述三个环节能够加深孩子对不同性别角色不同特征的认识。

（2）制作性别角色标签（可全家一起参与）

游戏规则：全家人共同思考能体现不同性别角色特征的词语，按性别写在不同颜色的便利贴上，作为性别角色标签。每种性别的标签数量不少于 10 个。全家人围成一圈，选出固定人物，大家依次在他身上贴性别角色标签，并说出给他相应标签的依据。游戏最后，每人说说自己身上颜色较多的标签所对应的性别是不是自己想要的。

2. 引导孩子认识到男女有别

（1）在穿衣打扮中促进孩子认识到男女有别

可以引导孩子意识到男生的衣服款式比较简约，装饰较少，男孩大多留短头发；女生的衣服装饰比较多，图案和花色比较漂亮，女生爱梳长辫子，戴漂亮的头饰。

（2）在日常行为中促进孩子认识到男女有别

可以引导孩子意识到，无论在家庭中，还是在社会交往中，男生和女生之间是有区别的，有一些事情是需要彼此回避的。如爸爸上厕所的时候要避开女儿的视野，妈妈洗澡时不能让儿子在身边；家长在换衣服时，异性子女应当回避。有些独自带孩子的妈妈或爸爸在公共场所如厕时不得不把异性子女带在身边，这种情况下最好和孩子说清楚事情的特殊性，并尽快培养孩子在公共场所独立如厕的习惯。

观察学习是孩子形成与其性别相匹配的行为习惯和性别特质的主要方式。如果条件允许，还是提倡男孩多让爸爸带，女孩多让妈妈带。

第二节　增强性别认同

小学低年级孩子开始按照社会所规定和期许的合乎自身性别身份的角色标准进行自我强化，在他们发展性别角色认同的关键时期，家长应积极采取措施，给予充分的支持，促进孩子形成正确的性别角色认识，增强其性别认同。

是男孩还是女孩

玲玲妈妈因为喜欢男孩，所以常把女儿玲玲当成男孩来养育。

上学第一天，玲玲妈妈给玲玲背上蓝色的书包，穿上蓝色的T恤衫和短裤。短发的玲玲这样一装扮，远远看过去，就像一个小男孩。

可是，问题来了。

体育课站队时，男孩女孩各站一队，体育老师一时间不知道该让玲玲站在哪一队好；去厕所时，玲玲一走进女厕所，所有女孩子都目不转睛地盯着玲玲看……

玲玲也有些不知所措，回到家里，她问妈妈："妈妈，同学们说我是女孩，可是我不喜欢穿裙子，我觉得我像男孩。我究竟是男孩还是女孩呀？"

在现实生活中，有很多盼子得女、盼女得子的家长，他们忽略孩子的性别角色，也不注重对孩子进行性别教育，即便在孩子性格角色认同过程中，也不能对孩子加以正确的引导，最终使孩子陷入性别角色认识困难的境地，为孩子的心理健康发展埋下隐患。

教子有方小课堂

帮助孩子形成正确的性别角色认识，家长要注意以下几点：

1. 要和孩子强调其自身性别

孩子的穿衣打扮要符合其性别特征；家长在称呼上要多强调孩子的性别；在洗澡、换衣服等情况下，应让孩子感受到男女有别，异性需要回避。

2. 让孩子多接触符合其性别特征的人和事

应多引导孩子接触与其性别特征相匹配的人和事，使孩子对自身性别特点有更清晰的认识。如男孩可以多接触爸爸、叔叔、哥哥等，或多了解男性运动员、军人等；女孩要多与妈妈、阿姨、姐姐等接触，多玩适合女孩的游戏。

3. 正面解答孩子关于性别特征的问题

好奇是孩子的天性，孩子在探索自己性别的同时也会对自己的身体产生兴趣，并提出各种各样的问题。家长可选择适当时机，如洗澡时、睡觉前等，很自然地帮助孩子认识自己的身体。

4. 在家庭教育中树立平等的性别观念

家长应在家庭教育中尊重孩子的性别，鼓励孩子发展自己的兴趣和特长。同时，应教育孩子尊重不同性别的人，培养孩子的性别平等意识，使孩子能够尊重自我和他人。

第三节　了解隐私部位

我们每个人都有一些身体部位是不可以让别人随意谈论、观看和触碰的。这就是我们的隐私部位，也就是背心、内裤或泳衣遮盖的身体部位。耳朵、脖颈虽然不被覆盖，但也是人们不愿意被人触碰的部位，也可归为隐私部位。

让孩子了解隐私部位，可以作为儿童性教育的重要一课，还能够帮助孩子了解自己的身体，懂得保护自己，预防性侵。

小亮是个“小问号”

星期天，妈妈正在卫生间洗衣服，小亮凑过来，问：“妈妈，为什么女生蹲着小便？”

“因为男生和女生的泌尿系统不一样，你们男生是怎么小便的呀？”妈妈问。

“我们男生是站着小便的，就像这样……”亮亮说着，脱下裤子，准备小便。

“等一下。你当着女生的面小便会露出隐私部位的，这属于耍流氓！算了，我作为女生，如果看你小便也属于耍流氓。我还是先出去回避一下吧。”妈妈说完，走出卫生间，顺便关上了卫生间的门。

小亮出来后，妈妈接着问：“小亮，你怎么知道女生小便是蹲着的呀？”

“我上幼儿园时，厕所是不分男女的。上小学后，厕所才分男女。妈妈，什么是隐私部位呀？”小亮觉得妈妈刚才说到的话题很有趣，便接着问。

“你可真是个‘小问号’。你的这个问题说来话长了，我们一起研究一下。”小亮妈妈说完，从书架上找到一本介绍人体知识的书，准备和小亮一起研读……

进入小学以后，男生和女生的界限更加清晰了，家长应该有意识地引导孩子从生理构成上了解男生和女生之间的性别的差异，并树牢保护隐私部位的意识。

故事中小亮妈妈面对孩子的提问时能够态度平和地做出解答，并采用实际行动教育孩子：当自己需要暴露隐私部位时，应该选择避开他人或适当遮掩；如果别人暴露隐私部位时，应该移开视线并及时躲开，这样的做法很值得称赞。

教子有方小课堂

家长应该教孩子认识自己的隐私部位，并告诉孩子要把自己的隐私部位遮盖起来并保护好，既不能让别人看，也不能让别人摸。

1. 被遮盖的隐私部位——保持卫生、不能碰

家长应该告诉孩子，隐私部位是具有隐私性的，对于被遮盖起来的隐私部位，不仅要注意定期清洗，保持其卫生，还不能让别人随便触碰。男孩的家长应告诉孩子，自己的阴茎、睾丸、小屁股是不能让人随便碰的；女孩的家长应告诉孩子，自己的乳房、阴部、小屁股是不能让人随便触碰的。

2. 露出来的敏感部位——不能触摸、不能亲

男孩的胸部、脸蛋、嘴巴、脖颈、耳根，女孩的脸蛋、嘴巴、脖颈、耳根等都是裸露在外面的敏感部位，不能让人以搂抱的方式随便触摸、亲吻。

家长除了告诉孩子保护好自己的隐私部位，还要告诉孩子要尊重其他人的隐私部位，不去看、不去摸别人的隐私部位。要让孩子知道，如果有人以玩具、美食为诱饵，或者用威胁、恐吓等方式要求接触孩子的隐私部位，或要求孩子接触其隐私部位，一定要勇敢地拒绝，并及时告知家长。

好奇心重的孩子往往对隐私部位、性、生殖等话题非常感兴趣。很多家长会因为难以启齿而对这些话题避而不谈，这样只会让孩子更好奇，从而用家长未知的方式去自行探索。与其如此，家长不如坦然地向孩子介绍相关知识，或者寻找相关图书、科普视频，让孩子通过正规渠道了解相关知识，形成科学认识。

第四节　识别性侵行为

《"女童保护"2020 年性侵儿童案例统计及儿童防性侵教育调查报告》显示，2020 年媒体公开报道的性侵儿童案例中，遭遇性侵的女童占九成，小学和初中学龄段的孩子受侵害比例高。

在曝光的儿童性侵案中，熟人作案占比 74.04%；陌生人作案占

比 25.96%。

可见，性侵距离我们的生活并不遥远，家长应及时教会孩子识别性侵行为，增强自我保护意识。

无助的妞妞

张爷爷住在王奶奶家隔壁，每次王奶奶要去跳广场舞时，都会把孙女妞妞放在张爷爷家，请张爷爷临时照看。

妞妞本来很喜欢去张爷爷家，因为张爷爷家里有很多好吃的糖果。可是最近，妞妞和奶奶说，她不想去张爷爷家了，因为张爷爷总抱她、亲她，她很害怕。

“张爷爷亲你是因为他喜欢你，有什么可怕的！一定是你妈不想让我跳广场舞，才给你出的这个鬼主意！”王奶奶觉得妞妞是听了妞妞妈妈的话，才拒绝去张爷爷家，便没好气地说，“张爷爷今年七十多岁，是咱们的老邻居了，能拿你怎么样？你这孩子，跟你妈一样不懂事！”

听了奶奶的训斥，妞妞心里害怕极了，她知道如果自己不去张爷爷家，奶奶就会骂她，如果她去张爷爷家，张爷爷又会趁着没人在场，抱她、亲她……

妞妞的内心该有多么无助！她把心里的恐惧说给奶奶听，可是，奶奶不相信，还狠狠地训斥她。

妞妞奶奶因麻痹大意，成了实施性侵者的帮凶。她既没意识到性侵者往往就隐藏在孩子身边，也没重视孩子的感受，及时发现问题。如果家长不能提高对性侵行为的识别和防范意识，类似故事可能发生在更多的家庭中。

教子有方小课堂

家长应该教孩子识别性侵行为，让孩子知道，性侵泛指一切违反他人意愿，实施于他人的，与隐私部位（或敏感部位）有关的行为，包括强行接触或要求他人接触隐私部位（或敏感部位）、性骚扰、露体等。

1. 直接接触隐私部位（或敏感部位）的性侵

实施性侵者会故意接触、亲吻对方的隐私部位（或敏感部位），甚至使用诱骗的手段，使受害者进入到相对隐蔽的空间后实施侵害。也有性侵者利用自身职务、力量等优势，使用暴力、恐吓等手段胁迫受害者接受性侵，并威胁受害者保密。

2. 以传递涉及隐私部位的信息为主的骚扰型性侵

（1）使用下流语言或行动挑逗受害者，向其讲述、展示个人或他人的隐私部位或性经历；

（2）在一定空间内布置淫秽图片、广告等，使受害者感到难堪。

家长在教孩子识别性侵行为的同时，应该让孩子认识到，性侵是实施性侵者做出的错误行为，被侵害者是值得同情和帮助的受害者；对于实施性侵者，我们无需感到害怕，要在保护好自己的前提下，将性侵者的无耻行为告知家长，想办法揭露实施性侵者的罪恶行为，使他受到应有的惩罚。

第五节　学会防范性侵

很多人以为，性侵者侵犯的对象都是女生，男生是绝对安全的，其实不然。

2013 年，《广东省青少年健康危险行为监测报告》显示：男性遭受性侵害更为严重，每 100 个青少年男性中，就有 2～3 个有被迫性行为，是女性的 2.2～2.3 倍。

可见，防范性侵不仅是女孩子所要面对的问题，男孩子也需要学会防范性侵。

男孩也是受害者

夏令营开始了，二年级学生小刚走出家门，开始了为期一周的封闭训练。

虽然一天的训练很累，但小刚还是坚持下来。晚上，带队老师喊小刚去他房间："今天表现不错，给你看点儿有趣的！"带队老师打开了电脑，把小刚抱在腿上，见小刚看动画片入迷，便慢慢地把手伸进小刚的裤子，抚摸起小刚的下体。小刚感到带队老师的行为很奇怪，想从他的身上下来，却因为力气太小而无法挣脱。

带队老师说：“乖乖的，别动，这是对你的奖励，不能和任何人说。”从带队老师的房间离开时，小刚的腿还在抖，他害怕极了，但他不敢和别人说，只盼着夏令营早点儿结束。

一回到家，小刚就把这件事讲给爸爸听，爸爸说：“这个带队老师简直就是变态！唉！这件事太丢人了。你是男孩子，这件事就这样算了，以后咱们不去夏令营就是了。没关系，这件事就当成一个秘密，不能再对任何人说，记住没？”

“嗯！”小刚虽然在点头，但他不明白，为什么这件事就这样算了呢？为什么爸爸不去揭发坏人，还要自己为坏人保守秘密呢？

这个故事让我们清晰地看到，性侵者往往戴着伪善的面具，他们会以各种各样的身份伪装自己，伺机侵害幼小的孩子。在防范性侵的问题上，男孩同样需要接受教育和指导。

小刚向爸爸说出事情经过的同时，也是在向爸爸求助，但小刚的爸爸似乎并没有意识到自己作为父亲的责任，他的做法有三点不妥：

1. 向小刚传输了错误思想

他告诉小刚“这件事太丢人了”，向小刚传递了受害者应有羞耻感的错误思想，这会使小刚产生自卑感和耻辱感，受到更深的伤害。

2. 忽略了问题的严重性

遭受性侵对男孩造成的影响同样不容忽视。英国《每日邮报》

曾报道：无论遭遇哪种性侵方式，男性平均需要 26 年才能坦然面对自己的经历。而有的人，用了一辈子也不能走出来。

3. 回避问题，没有揭发坏人

很多遭受性侵者都会因为不知所措和羞耻感而选择沉默，这会使性侵者有恃无恐，继续作恶。

教子有方小课堂

1. 教孩子避免置身危险环境

坏人的脸上是没有标签的，对并不了解和并不熟悉的人时刻保持警惕，是保护好自己的最好办法。家长应教育孩子不要单独进入他人的封闭空间，如卧室、办公室、储藏室等；不轻易与留宿者同床；不独自行走于僻静的道路；不相信陌生人的求助信息。

2. 教孩子果断拒绝无理要求

告诉孩子要拒绝他人提出的接触孩子隐私部位（或敏感部位）的要求；拒绝他人提出的观看涉及隐私部位（或敏感部位）信息的要求；拒绝帮助他人保守与自己有关的涉及隐私部位（或敏感部位）的秘密。这些要求是危险的，也是无理的，家长应该告诉孩子，如果有人对其提出这类无理要求，应该在第一时间向家长、老师等值得信赖的人反映情况，以便获得保护和帮助。

3. 及时发现孩子的异常表现

大多数孩子对性侵的反应是十分敏感的。因为性侵者往往会恐吓孩子要保守他们之间的“秘密”，这使孩子会懵懂地认为遭遇性侵是极其不光彩的事，或者会错误地认为遭受性侵者是过错方。所以，当孩子突然表现得害怕谈及某个人、某个地点或者突然变得郁郁寡欢时，应考虑到孩子是否遭受到性侵等不法侵害。如果孩子刻意隐瞒事实，家长要循序善诱地引导孩子说出真实情况，以免孩子内心产生更大的恐惧。

4. 给予孩子足够的爱和支持

大多数情况下，性侵者都会将大人的疏忽大意当成可乘之机。所以，尽量不要将孩子独自留在邻居、亲戚、朋友家里，尤其不要将孩子独自留在某处过夜。要养成和孩子谈心的习惯，让孩子知道无论发生什么事情，家长都会无条件地支持孩子、帮助孩子。这样，当孩子真的遇到困难或者想寻求帮助的时候，才会信任家长，主动找家长沟通。

5. 积极寻求法律的帮助

家长一旦确认孩子遭到性侵，不要选择隐忍，应及时保留证据，并向公安机关报案，积极寻求法律的帮助，不让作恶者继续逍遥法外。

人类拥有世界上最高级的智慧，也拥有世界上最复杂的思想。这个世界上有善良的天使，也有恶魔。作为家长，我们应该教孩子做善良的人，也要教孩子警惕恶人。

第七章　家庭亲子关系教育

亲子关系是家长与其亲生子女、养子女或继子女间的关系。

亲子关系以家庭生活为基础，是儿童最早建立起来的人际关系，在个人成长过程中起着重要作用。良好的亲子关系可以促使孩子形成健全的人格，培养良好的人际交往能力，助力孩子健康快乐地成长。

本章将从“家长的教育态度应一致”“父亲应避免缺位”“家长应把握好惩罚教育的界限”“家长应避免使用语言暴力”“家长应学会适当放手”“家长应偶尔向孩子示弱”等方面，向家长传授建立健康亲子关系的理念。

第一节　家长的教育态度应一致

说到家长的教育态度应一致的问题，就绕不开隔代教育这个话题。一些教育专家通常将由爷爷、奶奶、外公、外婆对孩子进行的教育称为隔代教育。隔代教育又可以分为以下不同类型：

1. 过分关注型

这类祖辈过于呵护孩子，习惯事事代办，使孩子缺少在正常教养环境下参与锻炼的机会。这类家庭中，祖辈与父母辈最难保持意见一致，往往是父母辈对孩子提出较高要求，而祖辈在对孩子的实际教养中无原则地降低要求。这会阻碍孩子生活自理能力和独立人格等的健康发展。

2. 过分监督型

这类祖辈对孩子成长中的所有事情都进行监督、检查、指挥，阻碍了孩子对未知领域的探索。这类家庭中，祖辈与父母辈比较容易保持意见一致，但是祖辈往往过分强调个人经验和孩子的人身安全，忽略了育人的本质，使孩子长期处于专制型亲子关系环境下，会让孩子变得懒惰、胆小、缺少主见、过于依赖他人。

3. 严厉惩罚型

这类祖辈坚信“慈母多败儿”，对孩子的管教往往过于严厉，常用批评和责罚的方式教育孩子。这类家庭中，祖辈往往具有绝对的话语权，使孩子长期生活在专制型亲子关系环境下，会让孩子变得懦弱、自卑、自闭或叛逆。

4. 民主互助型

这类祖辈注意与孩子展开民主的对话，互相理解、沟通。这类家庭中，祖辈与父母辈容易在教育观点和态度上保持一致，祖辈能在教育孩子方面对父母辈形成有效帮助，使孩子生活在民主型亲子关系中。在这种家庭中长大的孩子能健康地成长，形成完整的人格。

奶奶来了以后

周周两岁时，爸爸和妈妈就商量着把独居在老家的奶奶接来同住。在周周的爸爸、妈妈看来，这样，奶奶不会感到孤独，周周也有人看管，一举两得。

周周奶奶很喜欢周周，但凡周周想要的东西，周周奶奶都会买给周周。周周的牙齿不好，周周妈妈叮嘱周周奶奶不能给孩子吃糖，周周奶奶说："好的，放心吧，我知道。"

可是每次出去玩，周周都会拉着奶奶去买糖。买完糖，周周奶奶会叮嘱周周："小孩子哪有不馋糖的，咱们又不是买不起。乖孙子，奶奶给你买，吃吧，不要告诉你妈。"

周周跟着奶奶学说谎，但是周周的牙齿不会说谎。没过几天，周周的牙齿又疼起来。周周妈妈带周周去医院检查后，真相大白。周周奶奶见瞒不过周周妈妈，便哭着说："我真是老了，没用了，连个孩子都看不好，我活着还有什么用，真是害了孩子呀……"

周周妈妈希望周周爸爸能和周周奶奶谈一谈，统一教育孩子的态度，但周周爸爸认为周周奶奶性格固执，自己纠正不了。周周妈妈只能在心里生闷气。家里的气氛也总是怪怪的。

在隔代教育中，祖辈能够享受与孩子在一起的幸福时光，孩子能够感受到祖辈的爱与关怀，父母辈能有更多的时间发展自己的事业，这是好的一面。但是，隔代教育也存在着一些明显的问题。比如，教育孩子本应以父母辈的意志为中心，但在有些专制型隔代教育家庭中，祖辈在参与隔代教育的过程中以自我意志为中心，忽视父母辈对孩子提出的教育要求，逾越了教育的权限；在有些过分关注型隔代教育家庭中，祖辈不能与父母辈保持统一的教育态度，不顾父母辈的要求，一味地满足孩子的不合理诉求……这些情况都容易引发家庭冲突，使孩子产生矛盾、紧张、焦虑、无所适从的情绪，不利于孩子的健康成长。

故事中的周周奶奶只注重孩子的物质需求，而忽略了孩子的身体健康，更忽略了对孩子的教育原则。她的错误做法不仅损害周周的牙齿健康，而且让周周产生可以不听妈妈的话的错误认识，为周周妈妈以后教育孩子带来了麻烦，也为婆媳关系良性发展带来了隐患。

在事情发生后，周周的爸爸、妈妈也没能采取有效的方法，积极地与周周奶奶进行沟通，这势必会影响夫妻关系、亲子关系、隔代关系，不利于家庭开展有效的隔代教育。

教子有方小课堂

有祖辈参与隔代教育的家庭中，对孩子的教育态度，祖辈与父母辈之间应保持态度一致。积极沟通、换位思考是促进实施教育者态度一致的有效方法，而图书、中间人、家庭活动是促进大家积极沟通、换位思考的有效桥梁。

1. 以图书为沟通桥梁，避免产生直接冲突

祖辈、父母辈之间存在的生活经历差异和年代差异，会使双方在教育孩子的问题上存在着诸多差异，如祖辈更关心物质供给，父母辈更关注精神教育等。双方可以将相关领域的教育指导书籍作为媒介，共同学习当下的教育理念，在思想上保持一致，这样可以避免双方因为教育理念不同而产生冲突。

2. 以中间人为沟通桥梁，避免发生家庭矛盾

同一个问题，不同的人出面沟通解决往往会有不同的效果。在有祖辈参与隔代教育的家庭中，中间人的位置十分重要。中间人，可以是祖辈和父母辈共同的亲人。当问题发生时，只有中间人亮出正确、明确的观点，才有利于祖辈与父母辈的观点达成一致；只有中间人积极、有效地参与沟通，才能避免家庭矛盾的发生。人非圣贤，孰能无过。在教育孩子的问题上，中间人与其以亲情为原则站队到祖辈一方，不如提升沟通技能，在不伤害祖辈感情的基础上，客观公正地传递科学的育儿观念。

3. 以家庭活动为沟通桥梁，增进彼此感情

大多数参与隔代教育的祖辈，都是为了能够帮助父母辈而放弃安享晚年时光，对此，父母辈要给予充分的认可，并通过父亲节聚餐、母亲节郊游等家庭活动，表达对祖辈的肯定和感恩，使祖辈的爱得到回应，增进彼此之间的感情。

此外，祖辈和父母辈要充分认识到各自在家庭教育中的定位，如祖辈应认识到自己只是家庭教育中的配合者，父母辈才是家庭教

育中的主导者。父母辈也要积极担当起自己作为家庭教育主导者的作用，这样才能形成良好的隔代教育环境。

第二节　父亲应避免缺位

现代的家庭教育中往往会出现父亲缺位的现象。父亲缺位，指的是孩子在成长过程中较少得到父亲的关爱，或者是父亲较少参与子女的教育。父亲是力量的象征，在培养孩子安全感等方面有着天然的优势。父亲的缺位会使孩子缺少父爱，缺少安全感和归属感。

如果父亲确实因为种种现实原因，无法经常参与到孩子的教育过程中，也应该积极采取办法，使孩子感受到来自父亲的关爱。

如此陪伴

新学期的线上班会上，班主任老师特别强调了家庭教育的重要性，提醒家长多陪伴孩子，多带孩子进行户外运动。

小虎爸爸认为班主任老师的观点十分正确，决定每周末抽出一天时间来陪伴孩子。第一个周末，小虎爸爸决定让小虎妈妈去逛街，自己带孩子去公园。小虎高兴极了。

到了公园游乐区的售票处，小虎爸爸买好门票递给小虎，说：“去吧，爸爸在游乐区门口等你。”

“爸爸和我一起玩。”小虎说。

“哪有大人进去玩的，你去自己玩吧。”爸爸说着，掏出手机看起来。

小虎走进游乐区玩碰碰车，看着其他小朋友都是和大人一起开一辆车，不禁噘起嘴来。小虎刚上一年级，他一个人还开不动碰碰车。

小虎去找爸爸。爸爸将他带到游乐场里的沙滩区，说：“小虎，妈妈说你最喜欢玩沙子，去玩吧。”

…………

小虎是哭着回家的，因为在玩沙子的时候，一个小朋友把沙子扬到小虎的眼睛里，他哭了半天都没找到爸爸。原来，小虎爸爸坐在远处的树荫下玩手机游戏，入了迷。

“碰碰车你不玩，让你玩沙子你还哭，以后不要再让我陪你了！”小虎爸爸抱怨道。

小虎爸爸对小虎的陪伴属于典型的“形式陪伴”。“形式陪伴”是目前家长陪伴孩子中普遍存在的问题。我国一项调查数据显示，虽然98.4%的家长认同“家长的陪伴是最好的教育”这一观点，但在陪伴孩子的过程中，很少有家长能够积极参与到孩子的游戏或活动当中。一些家长在陪伴孩子时从不参与孩子正在做的事，而是选择旁观或忙自己的事情。

在这样的陪伴中，孩子根本无法感受到来自家长的爱，从而影响亲子关系。

教子有方小课堂

1. 自我改进——针对教育观念落后、教育方法不恰当的父亲

有些父亲具有男主外、女主内的思想观念，认为教育孩子是母亲应该做的事。也有一些父亲虽然有参与子女教育的意愿，但是因为教育方法不恰当，导致亲子关系恶劣，不能有效参与子女教育。这些家长应从根本上改变教育观念或提升教育方法，积极参与到子女教育当中。

（1）主动学习家庭教育知识，了解孩子在不同年龄阶段的心理特点和发展规律，并能站在孩子的角度思考问题，用科学的方法教育和指导孩子，做孩子的知心朋友。

（2）向妻子取经，了解孩子的兴趣爱好和生活习惯，做孩子的玩伴，用心陪伴孩子。

（3）积极询问并倾听孩子的学习、生活情况，做孩子忠实的倾听者。

2. 注重仪式——针对特殊结构的家庭

生活在离异家庭中的孩子往往更容易受到家长情绪的影响，变得敏感、孤僻、缺乏安全感。作为离异家庭孩子的父亲，如果无法及时陪伴孩子，可以通过书信、语音、视频等方式，持续、稳定地与孩子保持沟通，了解孩子在生活、学习方面的情况。父亲可充分利用双休日、节假日、孩子的生日、儿童节等特殊日子，通过带孩

子出去玩、和孩子一起参加活动、给孩子赠送礼物等有仪式感的方式，表达对孩子的爱。

3. 母亲回避——针对夫妻关系不和谐的家庭

心理学家发现，有些家庭中的母亲，像一个守门人一样，控制着父亲与孩子的交往。一些对婚姻关系不满的母亲会把对父亲的消极情绪迁移到对孩子的教养行为中，控制孩子和父亲的互动。母亲的这种行为会减少父亲和孩子的互动，并进一步导致孩子产生父亲不那么重要的感觉。若要增进父亲在教育孩子过程中的协作，母亲需要适当回避，并多鼓励父亲和孩子交流。

父爱如山，深重而宽厚。父亲是家庭教育中母亲所无法代替的角色。称职的父亲应该让孩子时刻感受家庭的温馨，促进温暖和谐家庭氛围的形成；让儿子养成男子汉气概，更好地承担自我责任；让女儿感受父爱的同时形成正确的性别意识，追求健康的婚姻价值观。

第三节　家长应把握好惩罚教育的界限

惩罚在家庭教育中具有积极的意义。教育不能没有惩罚，家庭教育也需要惩罚。惩罚教育能够纠正孩子的不良思想、行为和习惯，尤其对孩子道德的发展产生重要影响。

有家长认为“棍棒底下出孝子”，当孩子犯下错误时，便通过体罚的形式对孩子进行惩罚，对孩子拳脚相加，大打出手。这样的做法不仅可能会给孩子带来心理伤害，而且可能让孩子学会使用攻击行为处理事情。

采取这种手段的家长没有认识到惩罚教育的本质。惩罚教育是实现教育目的的一种手段，其目的是让孩子认识到自己的错误，在认识错误、改正错误的过程中不断完善自我。如果家长不明确这一目的，而使惩罚成为维护教育者权威、宣泄教育者情绪的一种手段，则不能达到惩罚教育的效果，还会建立起专制型亲子关系。

因此，家长应该把握好惩罚教育的界限。

矿泉水落在家里以后

鹏鹏虽然已经上小学二年级了，但他有一个坏习惯，一直都没有改掉——不爱整理自己的物品。

星期天，鹏鹏和妈妈计划去公园划船。出发前，妈妈叮嘱鹏鹏把矿泉水、水果、雨伞等物品装进背包里，可鹏鹏只是嘴上答应，一样东西都没整理。

出门前，妈妈看着餐桌上的矿泉水和水果，想："索性今天我不帮他整理这些东西，算是对他的一种惩罚。"

天气真热，刚划了一会儿船，鹏鹏就热得满头大汗。"妈妈，咱们休息一会儿吧，我想喝口水。"鹏鹏说着，拿过背包，开始找矿泉水，找了半天，也没找到矿泉水。

"妈妈，您怎么没给我带水呀？"鹏鹏埋怨道。

“我叮嘱过你要带水，是你自己没有带，应该怪你自己，不应该埋怨我哟！我带了两瓶水，如果你口渴的话，可以喝掉其中一瓶。但是，我背水也很累的，你要从自己的零花钱当中拿出十元给我，作为给我的报酬。”妈妈笑着说。

“啊？两块钱一瓶的矿泉水，你十元卖给我？真是个黑心的商人！”鹏鹏抱怨道。

“这水我本来是要留给自己喝的。你也可以选择不买！”妈妈看出来鹏鹏十分口渴，周围又没有卖水的摊位，故意说道。

“看来妈妈也靠不住呀，下次我要自己把矿泉水装好。”鹏鹏无奈地说着，从背包里掏出十元钱递给妈妈。

提到惩罚，很多人会将其理解为体罚。其实，惩罚的方式有很多种。故事中的鹏鹏妈妈并没有对孩子进行身体上的惩罚，而是通过让孩子体验因自己没能整理好出行用品而不得不付出“重金”与妈妈进行交易的经历，让孩子认识到自己不及时整理所需物品所要承担的后果，从生活亲身体验中得到教育。

鹏鹏妈妈的做法至少有两点值得我们学习：

第一，鹏鹏妈妈能够适当放手，舍得让孩子承担后果。很多孩子都有过分依赖家长、出门不自己整理物品的毛病。在类似的场景下，大多数家长会因为心疼孩子，保障孩子不被渴到或者饿到而选择妥协，自己去完成孩子该做的事。鹏鹏妈妈没有这样做，她果断放手，让鹏鹏体验到自己的不作为所带来的后果。

第二，鹏鹏妈妈能够讲究原则，坚持让孩子付出代价。在鹏鹏感到口渴却找不到水的时候，鹏鹏妈妈没有像天使一样无私地把自己带的矿泉水送给鹏鹏，而是要求鹏鹏用较高的价格进行交易。这样的代价，一定会给鹏鹏留下深刻的印象，使鹏鹏明白有些事情是自己必须要做的。

鹏鹏妈妈的做法告诉我们，惩罚不能单纯地等同于体罚，也不意味着亲子间生硬的对立，家长应该结合孩子所犯错误的类型，巧妙地采用不同的惩罚方法引导孩子成长。

教子有方小课堂

在家庭教育中，家长恰当地运用惩罚，不仅能让孩子知错能改，而且能培养其勇于承担责任的优秀品质。实施惩罚的关键在于要使惩罚既不伤及孩子的自尊心，又能使孩子从内心深处认识到自己的错误，并产生改过之心。

1. 惩罚教育的基本原则

（1）平等原则

家长在对孩子进行惩罚的同时，应该加强对自己行为的监督，如果自己与孩子犯了同样的错误，就要遵守平等原则，用同样的方式惩罚自己，这样不仅会使孩子更信服，而且会加深孩子对错误的认识，产生自发的纠错动机。

同时，家长应该给孩子澄清事实的机会，避免因大人的片面认识，导致孩子遭受不应得的惩罚。

（2）适度原则

惩罚孩子，并不是要伤害孩子，而是为了使孩子认识到错误并改正错误。如果孩子认识到自己的行为是错误的，并表达了自己的悔意和改正的意愿，那么家长就可以适可而止，给孩子改正错误的机会。如果家长总是抓着孩子的错误不放，不仅容易伤害孩子的自尊心，而且会让孩子产生逆反心理。

（3）适时原则

惩罚要抓住有利的时机。在孩子初次犯错时，家长就应该及时对孩子进行说服教育，在说教无效时，就应及时采取惩罚教育。惩罚只是手段而不是目的。因此，家长在惩罚孩子后要通过说理、剖析的方式使他认识到错误，并产生改过之心。

（4）一致性原则

一致性是家庭教育不可忽视的一个原则，是树立教育权威性的保证。所以，如果家庭成员之一对孩子进行惩罚的时候，如果是在适度范围之内，就不要在孩子面前直接提出不同意见或进行阻挠，袒护孩子，以免引发家庭教育者之间的矛盾，削弱教育效果；如果家庭成员之间确实有教育方法、教育观念上的问题需要沟通，应避开孩子进行交流。

2. 惩罚教育的几个方法

（1）亲身体验法

家长和孩子之间存在着年龄差和社会经验差，对很多事情的认识也会存在差异，因此，当家长就孩子的某一问题对孩子说教无效时，可以创造机会让孩子亲身体验自身行为带来的后果，使孩子认识到自己的错误。

（2）明确表态法

明确表态法，即家长要明确地表明自己对孩子错误做法的态度。如有些孩子在要求家长购买玩具而得不到家长的应允后，会选择用哭闹的方式向家长示威，以期达到自己购买玩具的目的。此时，家长应态度坚定、语气温和地拒绝孩子无理的要求，并及时指出孩子用哭闹的方式索要玩具的行为是错误的。

（3）奖惩结合法

人人都有一颗上进之心，孩子也是一样。所以，在孩子接受惩罚并积极改正时，家长应该看到孩子的进步并及时做出回应，必要时可以奖励孩子，这样不仅使孩子能够感受到家长的爱，更能对自己形成正确的评价和认识。

第四节　家长应避免使用语言暴力

家庭教育中的语言暴力是指家长在教育孩子的过程中，诉诸口头或书面语言的暴力行为，即家长使用辱骂、诋毁、蔑视、讽刺、挖苦、嘲弄等侮辱歧视性的语言惩罚孩子，使孩子在精神上和心理上遭到侵犯和损害。

语言暴力比体罚显得“文明”，但它带给孩子的伤害绝不比体罚小。语言暴力不仅侮辱孩子的人格，损伤孩子的自尊和自信，摧残孩子的心理健康，还会破坏良好的亲子关系。

把耳朵“关上”了

妙妙和童童是住在同一个小区的同班同学。因为妙妙的爸爸、妈妈在外地打工，妙妙只能和奶奶生活在一起。

这天，童童来找妙妙玩，正好赶上妙妙奶奶在教训妙妙。

“8岁的孩子了，把衣服穿得这么脏！像个野孩子一样！乞丐都比你干净！”妙妙奶奶一边说，一边不耐烦地把妙妙的衣服扔进盆里，“也不知道帮大人做点家务，成天好吃懒做，长大了也是个废物！”

妙妙奶奶越说声音越大。妙妙拉起童童走出家门。童童看着妙妙一脸若无其事的样子，问：“她是你亲奶奶吗？居然这样骂你？”

“别理她，我已经把耳朵‘关上’了，咱们去玩。”妙妙脸上毫无表情地说着。

有一些被祖辈独自教养的孩子会面临和妙妙相似的处境。祖辈们或者因为受原生家庭的影响，没掌握科学的教养方法，或者因为对生活不满，把孩子作为发泄的对象，使孩子长期经受语言暴力。

故事中的妙妙显然已经对奶奶的这种做法习以为常，她在“关上”耳朵的同时，也关闭了对生活的热爱、对亲情的渴望。这种长期压抑的生活环境，会对孩子的心理造成严重的伤害。

教子有方小课堂

语言是人们日常沟通的主要工具，语言暴力就潜藏在这种工具的背后。作为父母，和孩子沟通时，哪些话该说，哪些话不该说，要认真思考下，不要只顾自己的心情，而忘记孩子的心理承受能力。

常见的语言暴力有下列几种类型：

1. 侮辱贬低型

侮辱贬低型的语言暴力多出现于家长对孩子“恨铁不成钢”的场景，比如同一道题，孩子反复做了几遍结果还是做错时，有些家长可能会说：“这道题都做八百遍了，你还错，长脑子了吗?”“你简直是个废物、蠢货……”

2. 冷嘲热讽型

冷嘲热讽型的语言暴力多出现于家长对孩子使用激将法时的场景，比如家长希望孩子下次考试能考好成绩，会说：“你要是能考100分，我把名字倒着写!”“就凭你，能考90分？除非太阳从西边出来。”

3. 数落责备型

数落责备型的语言暴力多出现于家长指责孩子的缺点或错误时候的场景，比如：“校服都被你弄丢了，你怎么不把自己弄丢了呀?”“你看你的手，脏成什么样子了?路边的乞丐都比你干净!”“你又考这点分，还有脸回家!”

4. 威胁恐吓型

威胁恐吓型的语言暴力多出现于家长希望快速制止孩子的某种行为的场景，比如：“别哭了，快闭嘴，再哭我一巴掌打死你!”“又拽衣角，信不信你再拽衣角我一脚踹死你!”

5. 比较羞辱型

比较羞辱性的语言暴力是家长们使用得比较多的语言暴力形式，常出现于家长对孩子的现状不满，又找不到改变孩子现状的有效方法的场景，比如：“你看 ×× 家 ××，每天回家都自己读书，再看看你，就知道玩!”“我的命怎么这么苦，生了你这个让人操心的孩子，人家 ×× 的妈妈可有福气喽!”

6. 预言定论型

预言定论型的语言暴力是焦虑型家长使用得比较多的语言暴力形式，常出现于家长对孩子的现状不满，希望用通过描述并不美好的前途向孩子施加压力，以期孩子能够自我觉醒时的场景，比如：“你又和同学打架，我看你早晚要进监狱。”“整天就知道玩，就等着考试考零分吧!”

7. 呵斥命令型

呵斥命令型的语言暴力多出现于家长的权威遭到孩子的质疑和否定时的场景，比如：“滚出去！别让我再看到你!”“闭上你的臭嘴，这里轮不到你说话!”“我说不行就不行，别再说了!”

良言一句三冬暖，恶语伤人六月寒。语言暴力给孩子带来的伤害虽然是无形的，但又是最难治愈的。作为家长，我们要尽量控制自己的情绪，避免用语言暴力伤害孩子。

第五节　家长应学会适当放手

相对于幼儿，小学时期的儿童与家长在一起的时间大大减少，儿童开始变得独立。研究表明，在儿童能够自主完成的事情上，家长尊重孩子的独立性，让孩子独立处理事情，而不是简单地以自己的想法代替孩子的想法，这有利于儿童自尊和自信的发展。如果儿童能管理好自己的日常生活，并承担相应的责任，明智的家长应给孩子自主权，支持孩子在一些事情上自主决策，同时，又进行必要的引导。

哪种雪糕最好吃

最近，妈妈总是让阿成自己去家门口的小超市买东西。阿成自己买过矿泉水、香肠。今天，妈妈和阿成经过小超市，妈妈给了阿成十元钱，让阿成自己去选雪糕。

冰柜里的雪糕真多，花花绿绿的包装让阿成看花了眼。他看来看去，不知道应该把手伸向哪种雪糕。最后，阿成没有选妈妈每次买的奶油雪糕，而是选了一根绿豆雪糕。

“妈妈，我不选奶油雪糕，行吗？”阿成问。

“当然可以呀！你喜欢哪种就买哪种，只要你手里的钱够用就行了。”妈妈说。

“那你以前怎么不买绿豆雪糕？”阿成问。

“因为我以前没吃过这种雪糕，我觉得奶油雪糕好吃，所以就买了。”妈妈说。

“那以后，咱们就买绿豆雪糕吧。”阿成坚定地说。

“好的！宝贝，购买食物时，要留意保质期，过期的食物不能买。”妈妈指着雪糕外包装上的保质期叮嘱道。

“我知道了，妈妈。”阿成说着，开心地吃起雪糕来。

从故事中，我们不难看出阿成是一个十分乖巧的孩子，他在自我意识不断觉醒的过程中，不依赖妈妈的判断，独立选择购买了自己想买的雪糕品种。

妈妈也在有意识地培养孩子独立自主的意识，在孩子选择了自己想要的雪糕后，给予充分肯定和理性的指导，使孩子能够掌握更多的生活技能。

教子有方小课堂

小学低年级孩子还不完全具备独立自主的能力，因此，在培养孩子的独立自主能力时，家长应该适当引导。

1. 劳动方面——亲身示范，有意引导

生活中有许多简单的劳动项目能够锻炼孩子的独立性，比如穿衣服、洗袜子、擦桌子、扫地等。家长可以在孩子对相关事务感兴趣的情况下，示范相关方法，有意地引导孩子参与进来，并及时夸奖孩子，激发其参与劳动的热情，在劳动中锻炼孩子的独立自主能力。

2. 生活方面——创造机会，合理指导

除了劳动，生活中的很多事情，如购物、与人沟通等，都是锻炼孩子独立自主能力的好机会，家长可以让孩子亲身实践，体验购物、与人沟通的过程，并适当指导购物方法和技巧、与人沟通过程中应注意的礼仪问题等。

3. 学习方面——积极尝试，勇于试错

一些孩子学习自主性不强，即便家长反复提醒，也不愿意去读书、写字，这可能是家长习惯对孩子的学习事务大包大揽导致的。家长应该尝试主动退出，让孩子自己安排学习计划，自己承担后果。这样，孩子慢慢会形成独立学习的意识并养成独立学习的习惯。

第六节　家长应偶尔向孩子示弱

有人把亲子关系分为专制型、放任型、民主型三种类型。不同类型的亲子关系对孩子的影响是不同的。

在专制型亲子关系中，家长认为自己在孩子面前应该是个无所不能的强者，应该具有绝对的权威，所以孩子的想法常常得不到关注。处在这种亲子关系中的孩子没有机会做自己想做的事情，往往遇到问题时会缺少主见。

在放任型亲子关系中，家长认为孩子能够很好地独立完成各项事务，便让其自由发展。处在这种亲子关系中的孩子长期经历习得性无助，往往会对生活产生消极的态度。

在民主型亲子关系中，家长能偶尔向孩子示弱，“以退为进”，从而激发孩子巨大的潜能，促使其成为自立自强的人。事实证明，家长适当示弱，孩子会逐渐变得强大。在孩子眼中，家长越强大，他们就越能依赖家长。懂得向孩子适当示弱的家长，反而能促进孩子的成长。

妈妈有了小老师

小学低年级是培养孩子数学思维的重要阶段。阳阳的老师叮嘱家长们，平时在家里要多引导孩子用数学思维思考问题，并让孩子把解决问题的思路用语言表达出来。

这天，阳阳做了一道应用题后，妈妈担心阳阳对知识点掌握得不牢固，便故意对阳阳说：“阳阳，这道题妈妈不会做，可以给我讲讲吗？”

“大人也有不会做的题呀？”阳阳吃惊地瞪大眼睛。

“妈妈的数学没有你学得好，阳阳可以给妈妈当小老师吗？”阳阳妈妈故意谦虚地说。

“好吧！这道题你都不会做呀，很简单的……”阳阳信心满满地讲起来。

“那如果是这样的问题呢？又应该怎么做？”阳阳讲完，阳阳妈妈又写出一道同类型的题，请阳阳讲解。

“这道题这样做……”阳阳拿起笔，胸有成竹地做起来，而且做对了。

“阳阳，谢谢你教妈妈做题，以后你就当妈妈的小老师吧。”阳阳妈妈笑着说。

“行吧，以后你有不会做的题就问我。”阳阳自豪地说，仿佛自己真的就是一位厉害的老师。

故事中的阳阳妈妈属于智慧型妈妈，她采取了主动示弱，向孩子寻求帮助的办法，帮助孩子复习了知识点。这种做法在小学低年级阶段还是比较有效的，其好处在于：

1. 家长放低姿态与孩子进行交流，有利于拉近亲子之间的距离，建立亲密、友好的亲子关系。

2. 能够让孩子感受到自己的价值，有利于培养孩子的学习兴趣，增强孩子的自信心。

3. 能够提高孩子的学习能力、表达能力。

在大多数孩子的眼里，家长是无所不能的。而孩子总是处于被管理、被教育、被保护的状态，长此以往，孩子自然会变得自信心不足、学习被动。家长可以结合生活实际，创造向孩子适当示弱的机会，有针对性地培养孩子的相关能力和品格。

教子有方小课堂

想成为能够适时适度向孩子示弱的智慧型家长，家长可以从以下三个方面着手：

1. 家长要学会审视自己

在家庭教育中，家长往往扮演的是主导者和指挥者的角色。家长应适时地审视自己，是不是因为过于强势而在哪些方面限制了孩子的发展？是不是在哪些方面真的做得不如孩子？自己的优点、缺点分别是什么？只有常审视自己，才会及时发现自己在教育孩子上存在的问题。

2. 家长要能够了解孩子

每个孩子都是这个世界上独一无二的。家长要多通过观察、聊天等方式了解孩子，找到孩子身上的优点和弱势，进而有针对性地帮助其强化优点，弥补弱势。

3. 示弱要做到适时适度

向孩子示弱，还要把握适时适度的原则。如《妈妈有了小老师》这个故事中的妈妈选择的时机就恰到好处。如果阳阳妈妈选择在全家人一起吃饭的时候或阳阳正在玩的时候，用同样的方式向阳阳示弱，就显得不合时宜了。

第八章　家庭中的家长教育

家庭教育对孩子的成长至关重要。家庭氛围对孩子品性的塑造也尤为重要。如在溺爱中成长的孩子往往任性；在指责中成长的孩子往往自卑；在歧视中成长的孩子往往冷酷；在鼓励中成长的孩子往往自信……

作为家长，有必要通过学习，提高自己的素养，使自己成为孩子成长的榜样，为孩子的成才营造健康、向上的家庭氛围。

本章将从"亲子间的有效沟通""倾听孩子的心声""对孩子要有合理期待""家长要学会情绪管理""家校合作，共筑孩子的美好未来"等方面入手，引导家长形成积极、健康的教育观。

第一节　亲子间的有效沟通

家庭教育对孩子性格的塑造和人格的培养起着至关重要的作用。良好的亲子沟通关系则是对孩子实施家庭教育的前提和基础，还有助于孩子的身心健康、家庭的幸福与稳定。

现实生活中，很多家长在和孩子沟通的过程中都遇到了相同的问题——不会好好说话，不能有效沟通。掌握亲子有效沟通的方法和技巧，更能建立和谐的亲子关系。

彼此原谅

牛牛妈妈无论如何都没想到，自己那个平日里总是很乖巧的儿子，今天居然和自己顶嘴了。原因是练琴。

虽然牛牛只有7岁，但在妈妈的陪伴下，牛牛每天都会练习30分钟手风琴。

这天，母子俩像以往一样练琴。在进行左手和弦练习时，妈妈连续纠正了四五遍，牛牛都没有弹对，妈妈生气地说：“注意左手！注意左手！怎么就弹不对了呢？都说过一万遍了！你脑子想什么呢！”

没想到，妈妈说完，牛牛居然伤心地哭了起来：“为什么？”

“什么为什么？因为你没弹对！都纠正你多少遍了，还是弹错，你是不是不认真？”听见牛牛顶嘴，妈妈更生气了，说话的声音也比刚才更大了。

“为什么你每次犯错误我都能原谅你，你就不能原谅我？”牛牛擦了擦眼泪，接着说，“不就是弹错了吗，我改了不就完了吗，为什么不原谅我呀……”

听了牛牛的话，牛牛妈妈顿时有些不知所措，她开始为自己刚才的言行感到后悔。是啊，正因为孩子不会，才要反复练习，为什么自己不能好好指导孩子，而要用这种冷冰冰的话语跟孩子沟通呢？自己让孩子学习手风琴，陪孩子练琴，都是因为自己爱孩子，希望孩子能有更好的未来，可是自己刚刚的所作所为传递出来的信息哪里还有爱意？分明就是嫌弃、是抱怨啊！

“对不起，牛牛，刚才是妈妈不对。”牛牛妈妈说着，连忙把牛牛抱进怀里。

生活中，有一些家长明明深爱着孩子，却因为不会好好说话，向孩子传递出错误甚至相反的信息，导致亲子关系不能很好地发展。

当牛牛在练琴过程中遇到困难时，牛牛妈妈没能帮牛牛找到克服困难的有效方法并加以指导，而是用充满厌弃和指责的话语批评牛牛，这深深刺伤了牛牛的心。所幸牛牛是个勇于表达自己内心想法的孩子，牛牛妈妈也能够及时警醒，向孩子敞开爱的怀抱。

教子有方小课堂

为什么明明对孩子有最热烈的爱，却会说出让孩子觉得最难受的话呢？这是很多家长都有的困惑。这种现象与其说是词不达意，不如说是无效沟通。人和人之间的沟通，只有同时顾及自己、他人、情境这三个要素，才是有效沟通。

在现实生活中，无效沟通的产生，往往是因为传递信息的人只顾及自己的感受和需求，忽视了他人的感受和具体的情境。

想实现和孩子的有效沟通，家长应做到：调整好自己的情绪，注意自己说话的语气，关注孩子的具体需求。

下面的具体做法值得尝试：

1. 将指责改为直接描述问题

不当沟通：说了多少遍了，看完动画片要把电视关掉！你怎么总是记不住呢？

有效沟通：电视机没有关。

改变原因：指责会引起孩子的对抗情绪，直接描述问题可以自然激发孩子解决问题的动力。

2. 将威胁改成替代方案

不当沟通：你再往墙上乱画，我就打断你的手！

有效沟通：墙不是用来画画的，美术本是用来画画的。（递给孩子一个美术本）

改变原因：家长越传递威胁信息，孩子就越紧张，越不知所措。很多时候，孩子不是故意犯错，他们只是不知道什么该做、什么不该做，或者不知道该怎么做。家长宜直接说出错误行为的替代方案，让孩子知道应该怎么做。

3. 将催促改为具体的要求

不当沟通：你快点！要迟到了！

有效沟通：快穿上鞋子，我们要出门了。

改变原因：越催促，孩子越紧张，越不知所措。告诉孩子具体应该干什么，更有利于孩子采取行动。

4. 将抱怨改为示弱

不当沟通：你别吵了！烦死了！

有效沟通：妈妈昨晚没睡好，现在头很疼，你能保持安静，让我休息一下吗？

改变原因：从表达感受的角度出发，激发孩子的同理心。

5. 将批评改为建议

不当沟通：你怎么能在超市里乱跑呢，太不懂规矩了！

有效沟通：你可以帮妈妈推购物车吗？

改变原因：与其说“不许做什么”，不如说“可以做什么”。

6. 将抽象的表扬改为具体的夸奖

不当沟通：你真是个好孩子。

有效沟通：你能帮妈妈分担家务，真是个爱劳动又体贴妈妈的好孩子。

改变原因：表扬的理由要具体，这样有利于孩子发现自身的闪光点，培养自信心。

7. 将事事包办变成具体的指导

不当沟通：我来帮你洗袜子吧，你洗得不干净！

有效沟通：将袜子放在肥皂水里，泡一泡，再用力搓一搓，这样会把袜子洗得更干净。

改变原因：包办是对孩子的否定，会降低孩子的自尊和自信。具体的指导有助于孩子更好地进步。

8. 将粗暴地拒绝改为延迟满足

不当沟通：快把玩具放下，再不走就迟到了！

有效沟通：咱们放学之后再玩玩具好不好？

改变原因：延迟满足，并按时履约，是激励孩子主动配合的一种不错的方式。

沟通是一门艺术。和孩子沟通，家长不仅要注意表达方式，还要关注和了解孩子的心理需求。想成为一个能和孩子有效沟通的家长，我们任重道远。

第二节　倾听孩子的心声

在孩子犯错时，很多家长喜欢直接批评孩子，却忽略了事出必有因。孩子的每一个“非正常”表现的背后都有一个正当的理由。他们可能是在宣泄负面情绪，也可能是在呼唤家长的关注。这个时候，家长若能倾听孩子的心声，让孩子把内心的真实想法说出来，可增进亲子关系。

班级里的淘小子

琪琪是二年级五班公认的淘气的孩子。

新学期开学不到两周，老师就给琪琪妈妈发来了消息：“琪琪妈妈，咱们班今天有同学举报，琪琪今天拿班级里的矿泉水当水枪，往教室地上洒水了。我已经对孩子进行了教育，其他几个孩子都承认了错误，只有琪琪不承认自己有洒水的行为。希望家长能和老师一起引导孩子，勇于承认错误并改正。”

看完老师发来的消息，琪琪妈妈顿时火冒三丈，完全不顾放学路上来来往往的学生和家长，开始教训起孩子："琪琪，你给我过来，是不是你又在学校惹事了？你太丢人了！犯了错误就改正，为什么不承认？我警告你，以后你再像这次这样撒谎，就别上学了！什么时候承认错误了，再上学！我就不信管不了你了！"琪琪妈妈坚信，经过自己的说服教育，琪琪肯定不敢再犯错误了。

琪琪的小伙伴豆豆和她妈妈经过时看到这一幕，豆豆妈妈示意琪琪妈妈不要着急。她摸了摸琪琪的头，说："阿姨相信琪琪不承认错误一定是有理由的。"听了这句话，琪琪眼睛一亮，抬起头看着豆豆妈妈。豆豆妈妈又说："能告诉阿姨，你为什么不承认吗？阿姨能帮你想办法。"

"我怕老师和妈妈批评……"琪琪吞吞吐吐地说。

"阿姨就知道，琪琪是一个有上进心的好孩子。老师批评我们，是在帮助我们纠正身上的缺点，让我们健康成长。就像园林工人帮树木砍掉枝丫，让树木长得更高一样。每个人都会犯错误，只要能及时改正就还是好孩子。至于你妈妈，"豆豆妈妈看了看琪琪妈妈，接着说，"你把心里话说给你妈妈听，她会理解你，也会和你一起面对的。"

琪琪看了看妈妈，他发现，妈妈似乎不那么生气了，原来，承认错误并没有那么可怕。

像故事里的琪琪妈妈一样，一部分家长不能正确对待孩子在学校里犯错误这件事情，认为孩子一旦犯了错误，就要受到老师的批评，这是一件丢人的事。这些家长就会忍不住对孩子进行批评、责骂，甚至大打出手，使孩子在学校和家里遭受双重批评。

孩子也懂得趋利避害，认识到只要承认了错误就要遭受老师和家长的批评，所以才会选择拒不承认错误。

其实，孩子犯错时，家长应倾听孩子的声音，明白孩子犯错的原因，消除孩子的内心恐惧并及时给予正确引导，千万不要第一时间不分青红皂白地对孩子进行批评、责骂等。

教子有方小课堂

家长学会倾听孩子的心声，会使家长和孩子之间的沟通更顺畅。

1. 放低姿态，表达信任

在孩子犯下错误时，家长第一时间不要发脾气，而是要向孩子表达家长对他的信任和理解，鼓励孩子说出发生了什么。这样既表达了对孩子的尊重，又可以缓解孩子内心的恐惧和焦虑，有利于引导孩子表达内心真实的想法。

2. 心无旁骛，表达关注

每个孩子都希望得到家长的关注。当孩子有话要说时，家长应该停下手中在做的事情，全神贯注地倾听，表达出对孩子的关注，这能让孩子更乐于向家长表达内心的真实想法。

3. 适当呼应，表达理解

孩子说话时，家长可以用微笑、点头或拍一拍孩子的方式，表达对孩子的理解；和孩子的观点不一致时，不要急于表达自己的观点，避免打断孩子的思路或使孩子失去表达的兴趣。

4. 正向引导，寻找对策

家长了解孩子的心声之后，要在交流中对孩子进行正向引导，可以在寻找解决问题的对策的过程中传递不同的观点，但不能强行要求孩子接受自己的观点。

倾听，可以增进沟通，促进理解。每一位家长都应学会倾听，倾听孩子的话语，倾听孩子的心声，守护并指导孩子健康成长。

第三节　对孩子要有合理期待

家庭教育在孩子成长过程中具有无可替代的作用。每一个孩子都寄托着一个家庭的期望。有些家长总是把自己未曾实现的梦想寄托到孩子身上，渴望孩子按照家长的规划和预期成长，在每一次考试中都能够超过他人，成为佼佼者。

其实，教育的目标是让孩子学会生存，学会学习，学会做事，学会与他人共处。学习成绩并不能作为衡量一个孩子是否优秀、其人生是否圆满的标准。家长应该对孩子具有合理的期待，这样可以对孩子起到激励作用，有利于培养孩子的自信心。但如果家长的期待过高，超过了孩子自身的能力水平，或与孩子的兴趣爱好并不相符，则很可能适得其反，使孩子承受过大的压力，产生自卑心理，甚至失去主见，丧失人生的成就感。这些伤害对孩子产生的负面影响很有可能会陪伴孩子的一生。

爸爸的期待

睿睿不喜欢画画，可爸爸要求他一定要学习画画。

睿睿不喜欢弹琴，可爸爸要求他一定要学习钢琴。

睿睿不喜欢写字，可爸爸要求他一定要学习书法。

爸爸说："现在你有机会学习，是很幸福的事情。我和你妈妈小时候想学这些特长，可是家里没有钱，学不起。你现在有这个条件，就要把这些都学好，长大了可以当画家、音乐家、书法家。"

睿睿想去踢足球，爸爸不同意。

睿睿想像其他同学一样看一集动画片，爸爸不同意。

放学后，睿睿想像其他小朋友一样在外面玩一会儿，爸爸还是不同意。

爸爸说："咱们家是工薪阶层，我和你妈赚钱不容易，我们花了那么多钱让你学习特长，你不回家好好练习，钱就白花了。"

每次听了爸爸的话，睿睿都会想："如果可以一直待在学校里该多好，学校里有大课间，可以痛痛快快地玩；如果可以不学这些特长该多好，那样爸爸妈妈就不用辛辛苦苦地赚钱；如果自己的未来可以自己做主该多好，那样，我一定不会选择当什么画家、音乐家、书法家……"

每次睿睿都只是这样想想，想过以后，他依然不得不按照爸爸的指示画画、练琴、练习书法……因为，他要满足爸爸的期待。

家长们都望子成龙，望女成凤。透过故事，我们能感受到睿睿爸爸对睿睿殷切的期望，也能感受到睿睿内心满满的自责和无奈，这种自责和无奈是小小的睿睿应该背负的吗？一代人有一代人的追求，每个人都有自己的梦想。睿睿爸爸的做法体现出他的两种不合理期待：

1. 期待孩子成为家长理想中的自我

从故事中不难看出，睿睿爸爸在内心深处有着对画家、音乐家、书法家的无比羡慕，但他不能通过自己的努力，使自己成为理想中的画家、音乐家、书法家，便把成为画家、音乐家、书法家的希望寄托在孩子身上，期待孩子能够代替他成为理想中的自我。

2. 期待孩子成为道德绑架的买单者

睿睿爸爸希望孩子能够体谅家长赚钱的辛苦，从而珍惜学习特长的机会，产生学习动机。但学习特长这件事本就是家长强加给孩子的，睿睿爸爸不仅是在对孩子实施道德绑架，还期待孩子能够成为这场道德绑架的买单者。

生活中也有不少这样的家长，他们把自己未实现的梦想转化为对孩子的期待，全然不顾及孩子的兴趣爱好和学习意愿，更不考虑孩子的身心发展规律，强行要求孩子按照自己的规划来成长。这种不合理期待已经严重地影响了孩子的健康成长，甚至会使孩子产生心理疾病。

教子有方小课堂

1. 对孩子的期待应做到“三要”

（1）要符合实际情况

每个家长都有“望子成龙”“望女成凤”的期待，但是每个家庭的条件不同，每个孩子的个性不同，家长应该结合家庭、孩子的实际情况对孩子进行合理期待。有些家长看见别人家的孩子在学钢琴，也依样画葫芦逼迫自己的孩子学钢琴，看见别人家的孩子学马术，也给自己的孩子安排马术课程。这些家长把选择的标准定在“别人家在学什么”，而忽略“我的家庭情况适合让孩子学什么”“孩子喜欢学什么”，这样的做法既不尊重孩子的兴趣爱好，也没有衡量自己家的经济条件，是不理智的。与其每个家庭都致力于把自己的孩子培养成艺术家、科学家，不如多关注孩子的兴趣是什么、专长是什么。因材施教才能让孩子具有核心竞争力，在未来的竞争中脱颖而出。

（2）要与孩子达成共识

让孩子尽早接受体育和艺术特长教育，能更好地培养孩子的体育、艺术素养，但在具体选择某项体育或艺术特长时，家长应与孩子进行充分沟通，充分尊重孩子的意见，选择适合孩子且孩子感兴趣的项目，与孩子制订长期执行计划，引导并陪伴孩子实现学习目标。在最终确定培养项目之前，家长要多带孩子进行体验，让孩子明白培养兴趣特长要有持之以恒参与学习和练习的意志力，要能承受学习和练习的辛苦。

（3）要尽量做纵向比较

很多家长期待自己的孩子能比身边的孩子更优秀，常把自己的孩子与别人家的孩子做比较。这种比较不利于孩子对自己形成正确的认识，也不利于孩子与同伴建立友好的关系。家长应多引导孩子进行纵向比较，发现自己的优点，确定自己的学习目标和学习计划。

2. 对孩子的期待应做到三个“不要”

（1）不要忽略孩子的综合发展

有些家长只关注孩子的学习成绩，认为只要学习成绩好就万事大吉，并不重视孩子道德品质、素质教育、身心健康等方面的综合发展，这样的教育观念是片面的。学校生涯只是孩子人生旅程中很短的一段路程。在这段路程中，家长一定要让孩子具备良好的道德品质，这样孩子才能成为受身边人喜爱的人、被社会接纳的人；家长要注重对孩子进行素质教育，使孩子有丰富多彩的爱好，成为一个幸福、快乐的人；家长要促使孩子成为一个身心健康的人，让孩子以良好的身体素质应对未来生活中的风吹雨打，以良好的心理韧性对抗未来生活中的挫折和挑战。

（2）不要超过孩子的能力水平

小学低年级孩子的身心发展尚不健全，因此，对孩子的期待不要超过孩子的能力水平，不要期待孩子成为完美的“别人家的小孩”，不要给孩子过多的压力。

（3）不要忽略有效的亲子沟通

家长应多注意与孩子进行有效的亲子沟通，及时发现孩子遇到的困难并给予帮助；给予孩子足够的关怀和支持，以增加其进步的自信和动力；多指导孩子制订向上成长的计划，引导孩子寻找获得成功的方法。

第四节 家长要学会情绪管理

在家庭教育中，家长的情绪管理主要体现为识别与管理自我情绪、识别与引导孩子情绪两个方面。

1. 识别与管理自我情绪

当家长与孩子沟通时出现了某种情绪时，不要躲避，而是要承认它、认识它、面对它。家长要调控与安抚自己的情绪，从而适宜地表达自己的情绪，有效地摆脱因与孩子沟通不畅而产生的焦虑、沮丧、愤怒与烦恼等消极情绪。

2. 识别与引导孩子情绪

识别与引导孩子情绪，指家长能够通过孩子的表情、动作、语言等识别孩子的情绪，并能对孩子的处境感同身受；同时又能引导孩子摆脱情绪困扰。

能够管理好情绪的家长，不仅能够调控自己与孩子的情绪反应，而且能够为孩子树立管理情绪的良好榜样，促进亲子关系。

委屈的小东

傍晚的时候下了一场很大的雨。为了能够在小东放学时准时接他，小东妈妈请了 1 个小时的假提前下班。

晚上，小东写看图写话作业时，小东妈妈接到公司领导的通知，她因为请假被公司扣了 200 元钱。

“太没人性了！我一年只请了这一次假，还要扣我的钱！”小东妈妈越想越生气。

“妈妈，这个字怎么写？”小东问。

“你怎么有这么多字不会写？每天都要问我！你不会查字典吗？上学都学什么了？”小东妈妈发起脾气来。

“妈妈……”听了妈妈的吼声，小东哭了起来。小东不明白，每天写作业的时候，自己遇到不会写的字都是问妈妈的，为什么今天妈妈要发这么大的脾气呢？是不是自己做错了什么事情，才惹妈妈这么生气？

看到小东委屈的样子，小东妈妈突然意识到自己刚才没有控制好情绪，把对公司的不满转移到孩子身上。她拉起小东的手，把小东紧紧地搂在怀里，那是她的半个世界啊！

在大多数家庭中，为孩子付出最多的人是妈妈。很多人抱怨妈妈情绪不稳定、情绪暴躁，那是因为他们没有体会到妈妈所承受的工作压力和生活压力，没有看到妈妈一个人承受着巨大的委屈。

很多家长会和小东妈妈一样，在不经意间把不良情绪发泄到孩子身上，事后又无比自责，忏悔自己不该如此。其实，在家庭中，父母的情绪管理会对孩子产生直接的影响。父母情绪稳定平和，能够很好地面对和处理冲突，那么这个家的氛围就比较融洽愉悦，这就为孩子提供了好的成长环境。

教子有方小课堂

1. 摒弃不合理信念

常见的不合理信念如下：

（1）我应该凡事都比别人强；

（2）我应该得到生活中所有对自己重要的人的喜爱和赞许；

（3）任何事物都应按自己的意愿发展，否则会很糟糕；

（4）情绪是由外部因素控制的，自己无能为力；

（5）已经决定的事是无法改变的；

（6）一个人碰到的种种问题，总应该都有一个正确、圆满的答案；

（7）坏人应该得到严厉的惩罚；

（8）逃避挑战与责任可能要比正视它们容易得多。

2. 掌握管理情绪的方法

时常会面临情绪失控的家长，要学会通过自我观察、自我反思来认识自己的情绪，知道自己的不良情绪是如何产生的，以及如何应对；要试着接纳自己的情绪，不要认为负面情绪是坏的或不应该有的，只有接受了情绪，才能管理好情绪；不要一味地压抑自己的情绪，要学会用适当的方式如语言、行动等表达自己的情绪；要学会调节自己的情绪，缓解负面情绪。如果自己无论如何都不能调整好自己的情绪，可以尝试借助外力，向家人、朋友、专业人士寻求帮助。

科学合理的管理情绪的方法有很多，如呼吸法、冥想法等。家长在掌握这些方法的同时，要学会与自己和解，别把对孩子的要求定得太高，也别苛求每件事都要有最完美的结果。

第五节　家校合作，共筑孩子的美好未来

家校合作，即家庭与学校以沟通为基础，相互配合、合力育人的一种教育形式。家长参与和配合学校教育，为学校教育献计献策，不仅能更深入地了解孩子的学习情况，而且有利于为孩子提供学习保障，丰富孩子的学习体验，使孩子的学习生活更充实、更精彩。

妈妈和我是同学

刚上小学一年级的晴晴上课的时候总是不遵守课堂纪律，被老师点名批评了几次。所以，每天早上，晴晴都赖在被窝里不想起床。

晴晴妈妈向班主任张老师求助，张老师说："现在孩子还比较小，没有规则意识，对课堂纪律的理解也不是很到位。明天学校会组织家长参与"学校空中课堂"活动，你在听课的时候可以给她示范一下如何遵守课堂纪律，加深一下孩子的理解。"

第二天，晴晴妈妈提前十分钟准备好记事本、中性笔、笔记本电脑，并确认网络连接畅通，准备听课。

晴晴跑过来看热闹。"妈妈，原来给您讲课的人是我们的班主任呀！我们两人有相同的老师，我们就是同学了？"晴晴兴奋地说。

"是啊，晴晴同学，现在我要认真听课了，听完课再和你聊天。"妈妈一边说，一边在记事本上记录下老师讲解的重点。

"学校空中课堂"活动结束时，晴晴说："妈妈，你听课的时候坐的姿势真端正，就像老师教我们的那样，坐得直直的。"

"对呀，上课就要有上课的样子，不仅要保持坐姿端正，还要认真听讲，要经过老师的允许才能说话。"妈妈说，"老师还对你们提出了哪些听课的要求？"

"老师教我们……"晴晴滔滔不绝地说起来。

晴晴把老师的要求都说了一遍。妈妈叮嘱她，不仅要知道这些要求，还要按要求做。

第二周，班主任张老师打来电话说，晴晴已经意识到应该如何遵守课堂纪律了，最近一段时间表现很好。

孩子上了小学以后，每天与老师相处的时间要多于同家长相处的时间。家长对孩子在学校里的表现了解得有限，应多与老师沟通了解孩子的表现，虚心向老师请教指导孩子的方法，这对有效教育孩子有很大的帮助。

故事中晴晴妈妈能够及时发现孩子的问题，并主动向老师寻求帮助，是很明智的做法。而且，晴晴妈妈能够相信老师，按照老师给出的建议教育孩子，这才与老师形成教育合力，及时指导孩子理解应该如何遵守课堂纪律，帮助孩子快速适应小学生活。

教子有方小课堂

很多家长虽然也能认识到家校合作的积极作用，但往往不知道如何与老师进行有效沟通，并通过合作来促进孩子成长。家长应该怎样与老师进行有效沟通，实现家校合作呢？

1. 端正心态

很多家长会错误地认为只有孩子出现了问题、犯了错误才要与老师沟通。其实，家长日常多与老师沟通，反馈孩子在家里的学习状态、在校外获得的荣誉和成就，不仅表明家长对孩子的关注，还体现对老师工作的支持。

2. 换位思考

小学老师，尤其是班主任老师的工作十分繁忙。家长在与老师沟通的时候，一定要做到目标明确、长话短说，不要对老师的话语过分解读。要相信，每个老师都是希望自己的学生能够成才的。

3. 量力而行

有些家长的时间比较充裕、资源比较丰富，能够参与到家长委员会的活动当中，为班级的发展提供支持。没有条件加入家长委员会的家长也不必过度比较，应量力而行地参与班级活动。

4. 适时沟通

有些家长不知道应该同老师说些什么，也不知道在哪个时间段与老师沟通，于是便经常给老师发一些歌颂和赞美老师的讯息，这不仅耗费了自己的精力，而且占用了老师的时间。建议家长选择学期伊始、学期中间、期末复习三个时间段与老师沟通，询问孩子的学习情况，或针对孩子的问题向老师寻求帮助。